問　これはあるゲームのプログラムである。何のゲームかわかるだろうか？

```
<body id=D onKeyDown=K=event.keyCode-38><script>Z=X=[B=A=12];fu
nction Y(){for(C=[q=c=i=4];f=i--*K;c-=!Z[h+(K+6?p+K:C[i]=p*A-(p/9|0)*145)])
p=B[i];for(c?0:K+6?h+=K:t?B=C:0;i=K=q--;f+=Z[A+p])k=X[p=h+B[q]]=1;
h+=A;if(f|B)for(Z=X,X=[l=228],B=[[-7,-20,6,h=17,-9,3,3][t=++t%7]-4,0,1,t-6?-
];l--;)for(l%A?l-=l%A*!Z[l]:(P+=k++,c=l+=A);--c>A;)Z[c]=Z[c-A];for(S="";i<2
S+=X[i]|(X[i]=Z[i]|=++i%A<2|i>228)?i%A?" ■ ":" ■ <br>":" _ ");D.innerHT
=S+P;Z[5]||setTimeout(Y,i-P)}Y(h=K=t=P=0)
script>
```

出典　https://zapanet.info/blog/item/1130

答えは本文中に。

プログラミング教育は いらない

GAFAで求められる力とは?

岡嶋裕史

光文社新書

プログラミング教育はいらない　目次

ネジメント能力／コミュニケーション能力／コミュ力偏重社会の罠／プログラミングは異文化コミュニケーション／コンピュータは失敗を許容してくれる／教える側の問題／日本のＩＴ人材不足／民間企業への丸投げは情報格差を助長する

教員にかかる負担とプレッシャー／民間企業が行っているプログラミング教育とは／Ｓ／Ｔ比（学生／教員数比）の重要性／マインクラフト（Minecraft）／レッドストーン回路／教育効果を発揮させるためには適切なガイドが必要／スクラッチ（Scratch）／初級ステップ後の難しさ／「プログラミン」／スクラッチのベストプラクティス／関東圏に偏るプログラミング教室／高額の受講料／受講料は下がっていくか／講師の数を減らせない最大の理由／古典的な講義形式のメリット／子供たちはプログラミングが好きか／女子児童とプログラミング／情報格差への懸念／教育効果の実証

5章　求められる能力と教育

情報システムのブラックボックス化を阻む／プログラミング的思考＝社会で生き抜く力／目的とそれを実現する手段／どこまで指示を分解するか／論理でしか動かない／高度なコミュニケーション／思考力とコミュニケーション能力を磨くのに最適／学習者のプロファイリングに効果的／手軽に失敗を学べる／怒る学生／デジタルディスラプションを起こすために／解決したい何か／認識科学と設計科学／哲学を含む教養の重要性／ルール（プロトコル）を作る人間になる

はじめに

挑発的なタイトルは好きだ。

書棚に並んでいて、何となく違和感があるのがまず好きだし、拙著でも挑発的なタイトルのものだと、アンケートのたぐいでご意見をいただく機会も割と多くなる。大御所の先生は違うだろうけれども、私のような人間がテキストを書いていても、アンケートなどもらうことは稀なのだ。

中には、「これ、タイトルだけで中身は読んでいないな」とか「最初のほうだけ読んで、『この内容なら、きっと後ろに書いてあることはこうだ』と想像して書いたんだろうなあ」とかいうご意見をいただくこともあるが、それも含めてやはり挑発的なタイトルで本を出すのは面白いなと思う。

で、この本である。

「プログラミング教育はいらない」

たいしたことないと思う方も多いかもしれないが、私はプログラミングの授業も持っているし、本書の主題である児童・生徒向けのプログラミング教育について、企業に協力してもいる。各方面から怒られること請け合いである。

でも、書いてみたかった。書いておきたかった。

教育関係者の間での誤解は、だいぶ解消されたが、「プログラミング教育」はプログラミング言語や、それを用いてプログラムを作るプログラミングテクニックを教えるものだ、と理解している人はまだまだ多い。

文部科学省自身が言っていることだが、2020年のプログラミング教育必修化において、それらはオプションである。やること自体を否定してはいないが、主目的ではない。

では何を教えるのか？

プログラミング的思考である。

このネーミングセンス自体がどうなんだろうとは思う。わかりにくいし、何となくアリバイ工作的な、「後で何か批判されても、色々かわせる」言葉の選び方の匂いがぷんぷんする。

そもそも、プログラミングとプログラミング的思考の違いとは何なのだ、といぶかるむきに説明すると、プログラミング（ややこしいのでコーディング＝狭義のプログラミングと呼ぼう）とは、コンピュータに何をさせたいかを（私だったら日本語で）考え、それをコンピュータが理解できるプログラミング言語（本当はコンピュータは、プログラミング言語さえ直接には理解できないが、その詳細は本文に譲ろう）に置き換えていく、いわば翻訳作業である。

プログラミングというと、何だか高尚な作業のように思ってくれる人もいるが、コーディング（狭義のプログラミング）に限定して言えば、単純翻訳作業であり、そんなに高度な知識や技術はいらないことも多い。身も蓋もない話をすれば、時間単価の低い仕事であり、今後は自動化も進んでいく分野である。

本書をお読みの方であれば、我が子がちょうど小学校でプログラミング教育を受ける時期だ、という方もおられると思うが、積極的に我が子を就かせたい職業でもない。多くのＩＴ企業でもコーディングを経験はさせるが、少し経験を積んだらもっと上流工程（本文で詳述する）の仕事へとキャリアパスを移行させていくのがふつうである。

では、狭義でないプログラミングとは？　広義のプログラミングとは何を指すのか？

これは、まぎれもなく、問題解決行動を指す言葉である。

そもそもプログラミングの結果として産み落とされるアプリケーションソフトウェア（アプリ、もしくはソフト）とは、何かの問題を解決するために作られるものだ。

「友達ともっと手軽に通信がしたい、近況が知りたい」「1日に何歩歩いたか、どこへ立ち寄ったか記録しておきたい」

こうした問題を解決するために、プログラムはある。

だから、プログラミングとは、問題を設定・分析し、その解決策を考え、解決策を実行するためには、どのような資源、資金、技術、人員が必要なのかを弾き、チームを整え（1人で全部できることもある）、スケジュールや予算や体調を管理し、喧嘩が起こらないように各所に気を遣い、殴り合いでも始まった日には仲裁まで行い、完成のあかつきには打ち上げの手配にまで駆けずり回る、そうした活動の総体である。

論理的思考能力も、問題解決能力も、プロジェクトマネジメント能力も、コミュニケーション能力も総動員しないと、実現できない活動である。

2020年のプログラミング教育必修化では、その中でも特に論理的思考能力、問題解決能力、創造力をプログラミング的思考と称して、先に挙げた能力も含めて醸成していこうとしている。

本書の主張は、

コーディング（狭義のプログラミング）の教育　↓　いらない

プログラミング的思考（も含めた広義のプログラミング）の教育　↓　すごくいい

である。

2020年に行われようとしているプログラミング教育必修化は、お役所仕事ではありがちなように、名前がわかりにくかったり、説明がまだるっこしかったりするものの、やろうとしていることはとてもいいと思うのだ。

でも、そこにかかるコストも含め、やりようを間違えると、格差を助長したり、児童・生徒をもっと消極的にさせてしまう手法に堕《だ》してしまうだろう。本書が、そうならないための一助になればよいと思う。

本書の構成は、次のようになっている。

1章　そもそもプログラミングとは何かについて、意識あわせをしよう。学生の中には、黒魔術みたいに思っている子も本当にいる。

2章　プログラムを作る人＝プログラマという理解でいいのか、議論していく。ほんわかと思い描くプログラマとコーディング技術者では、だいぶ様相が違うかもしれない。今、話題になっている「プログラミング」が、どこからどこまでを指す言葉なのか、プログラマとはどの部分を生業《なりわい》にする人なのかを知ろう。

3章　生臭い話だが、教育とは投資である。投資した以上は、子供にいい人生を送ってほしいのが親の思いだ。現在、企業はどんな学生を欲しがっているのか、「プログラミング教育」で本当にその力はつくのかを考えていく。

4章　２０２０年に小学校でプログラミング教育が必修化されるわけだが、現実の教育現場は今どんな状況にあるのか、受け入れ準備は整っているのか、先生たちはどう考えているのか、実際にはどんな授業が行われるのか、子供たちの様子はどうなのかを見ていく。教育の現場を見ると、学校だけでなく、民間の教育サービスが担う役割も大きくなることが予想されるが、そちらがどうなっているかも確認しよう。

5章　苦労して作り上げたカリキュラム、呻吟《しんぎん》して整えた制度、頑張って配置した教育資源。こうしたものを動員して、結局子供たちにどんな力を育んでほしいのか、未来を創っていってほしいのかを考察した。

国の施策に準じて書いた部分もあるし、個人的な願いを込めた部分もある。そこは明確に書き分けたつもりだが、本書をお読みになった皆さんが、子供の教育、すなわちどんな未来を創りたいかについて、今一度考え、夢を巡らせていただければ、これ以上の幸せはない。

1章　プログラミングとは何か？

アイデアに価値はない。実現して初めて価値になる。

ペイジ（グーグル）

IT稼業は陰陽師

プログラミングとは得体の知れないもの、というイメージがあるのは確実だろう。

以前に書いた『ウチのシステムはなぜ使えない』（光文社新書）という本で、「SE（システムエンジニア。後述）は陰陽師《おんみようじ》だ」と書いたらSEの人に怒られたことがある。でも、これは割と本当のことだと思うのだ。

陰陽師は、今でこそオカルトのように思われているが、隆盛を極めた当時は世界を説明する論理的な体系であり、技術だった。

知らないことは単純に不安だし、何かの指針がなければ社会システムや道具を作ることさえ難しい。だから、世界を説明する体系の構築は有史以来ずっと試み続けられており、その中心に位置する場所に、宗教や錬金術が座することがあった。

世界を説明する体系としては、科学技術がとても優れているので、現在は完全に科学を信奉する体制へと移行したが、当時としては陰陽師は極めて合理的なシステム管理者であり、技術者であった。

では、陰陽師は当時の社会の中で、尊敬されていただろうか。

時の権力者と結びついて、社会システムの構築に深く関わっていたのは事実である。しかし、一般庶民には、胡散臭《うさんくさ》い目で見られていたのではないだろうか。

何と言っても、陰陽師が使う術式は手順が複雑怪奇である。素人が見ても、何をやっているのかわからない。したがって、素人は結果だけを見せられることになる。占術や方術を駆使して、今日は吉日だとか、南西が吉方位だとか言われても、ちょっと眉に唾をつけて聞きたい気分にはなる。

実際にその占いなり予言なりが当たって、盲目的に心酔した人もいただろうし、逆にひどい目に遭って、あんなものは詭弁《きべん》を弄《ろう》しているだけであって、実際には何の中身もないのだ、権力や金に取り入るのが上手なだけだと、悪罵《あくば》した人もいるだろう。

これって何かに似ていないだろうか。そう、IT稼業である。役に立っていることは間違いないのだが、中身はブラックボックスで、結果はまっとうに見えるけれども、ちょっとだけピンハネされていても素人にはわからないぞ、とかそういう点がまったく同じだ。

高度な技術は魔法と区別がつかないと言われるが、少なくとも情報システムは論理回路によって動いているはずなので、「これは魔法だよ」で片付けられては困る。

時代の趨勢《すうせい》を見れば、今後はIT屋も透明性を確立していかなければならないだろう。

近年、ブロックチェーンが賞賛され、期待されるのは、透明性が確保できそうな技術だからだ。ブロックチェーンとは、一度書き込んだデータを消すことも修正することもできず、しかもその検証を市井《しせい》の一利用者が誰でもできる特殊なデータベースである。

ブロックチェーンが注目を集めていることからも明らかなように、利用者の側もブラックボックスの中身をちょっと覗いてみる努力をすることは大事だ。

プログラム＝コンピュータへの指示を書き連ねた文書

そこで出てくるのがプログラミングである。

プログラミングとはプログラムを作ることだ。

では、プログラムとは何か。

コンピュータへの指示を書き連ねた文書である。

これが陰陽師で言えば術式であり、情報システムという魔法の源泉である。

なーんだ、と思うかもしれないが、プログラムを作るというのは意外と難しいのだ。だって、「コンピュータへの指示」と言っても、「カップラーメンを作ってくれ」と指示すればカップラーメンが出てくるものではないのだ。

いや、もちろんマニピュレータとか、湯沸かし器とか、カップラーメンを作るという仕事（IT屋はタスクと呼ぶ。細かな命令〈コマンド〉が集まって、タスクを形成する）には、コンピュータ以外に必要なものがいっぱいあるのだけれども、たとえそれが完璧に揃えられて、コンピュータの指揮下にあったとしても、この指示ではうまくいかない。

なぜなら、人間とコンピュータでは、指示に必要なサイズ感、きめの細かさが違うのだ。人間相手だったら、「カップラーメンを作ってくれ」で十二分に機能する指示も、コンピュータが相手だとこうなる。

包装フィルムをはがす
↓
フタを1／3ほど開ける
↓
熱湯を注ぐ
↓
フタを閉める

3分間待つ
←

見た目でわかるように、やることが順番に書いてある指示の集まりである。人間相手であればここまで詳細な命令は必要ない。先にも述べたように、「カップラーメンを作ってくれ」で十分なのだ。人間の場合（特に能力の高い人ほど）、仕事＝命令なのである。仕事は実際には、細かい命令の組み合わせで形成されるが、それは仕事をふられた人が自分で考えてくれる。

しかし、コンピュータは違う。「カップラーメンを作ってくれ」であれば、その「仕事」の工程は、極めてざっくり考えても、先の流れのように5つくらいには分割してあげないと、実行できない。

実際にはそれらに加えて、『『はがす』の定義とは」とか、「1／3とは直径に対してか、面積に対してか」とか、「一般環境下では厳密に100度のお湯は作れないが、熱湯の許容範囲はどこまでか」とか、決めなければならない面倒な付帯事項が山ほど出てくる。作業量は膨大だ。

時には、「あれ？　これって、プログラムを作るのではなく、手作業でやっちゃったほうがよかった？」と自分に問いかけたくなるほどである。

それでも、一度プログラムを作ってしまえば、コンピュータは飽きずに、文句も言わずに、物理的に壊れるまで何兆回でも何京回でも仕事を繰り返してくれるから、今日も血涙《けつるい》を流しながらプログラムを作るのだ。

コンピュータはあほちんき

こうした指示を作る流れに対して、某《なにがし》かの既視感を覚える人もいるだろう。そう、幼児にお手伝いを頼むときのアレである。

幼児に「おナベを見ていて」と言ってはいけない。そのナベが泡を吹き上げようが、炎が壁紙に燃え移ろうが、ただ見ている。彼ら／彼女らにしてみれば、言われたことを忠実に実行しているだけだから、こちらとしても責めるわけにはいかない。その代わりに、指示の出し方を工夫する。

先ほどカップラーメンでやったように、仕事をもっと細かい工程に分割して、より明確で具体的な命令を下すのである。エラーが起きたときの分岐処理も重要だ。何事もなければばただ見ているだけでいいが、もし落とし蓋が不穏な動きを見せ始めたら、早急に保護者に連絡せよと脅しをかける必要がある。

プログラミングという作業は、まさにこうした工程の繰り返しによって成り立っている。そう、コンピュータはあほちんきなのだ。どんなに複雑精緻に見えるシステムも、魔法のように思える技術も、やっていることを細かく細かく分解していけば、最後には足し算や引き算のような単純作業だけが残る。

コンピュータのすごいところは、こうした単純作業をちょっと想像もつかないような高速度で、しかも間違えずに繰り返し実行することで、人間がものを見るサイズ感、人間の時間感覚で観測すると、何だかすごいことをやっているように見える点にある。

だから、プログラミングとは何かと問われれば、「人間相手であれば一言ですむ指示を、1万言ぐらいの命令に細分化する作業だ」と極論しても、あながち間違いではない。

もちろん、前工程も後工程もあるので、これは本当に極端な言い方ではある。

たとえば、前工程としては、そもそもどんな仕事をするのかを決めなければならない。

プログラミングと前工程

よくあるパターンはこんな感じである。

①お客の悩みを聞く

↓

②悩みの本質を洞察、分析し、解決策を立案する

↓

③解決策のうち、情報システムでやるべき部分を抽出する

↓

④やるべきことのざっくりした設計図を作る

↓

⑤ざっくりした設計図を、もうちょっと詳細な設計図や日本語（別に英語でもいいけど）による指示に細分化（ブレイクダウン）する

↓

⑥それをさらに、コンピュータにとってちょうどよいサイズに細分化する

⑦適切なサイズになった指示は、日本語で書かれているだろうから、コンピュータが理解できるプログラミング言語に翻訳する（←ココが一般的に言われているプログラミング!!）

これを全部プログラミングだ！　とする割と乱暴な考え方も、ないことはないのだが、基本的にはプログラミングとは最後の工程（⑦）か、ちょっと拡大解釈しても、もう1つ前の工程（⑥）を含めたもののみを指す。この部分の仕事を担当するのが、プログラマ（コーディング技術者）と呼ばれる人たちだ。

で、流れ図の最初のほう（超上流工程＝①～③）を担当するのがコンサルタントやシステムアナリスト、真ん中へん（④～⑥、あるいは④～⑤）を担当するのがSE（システムエンジニア）、最後のほう（⑦、あるいは⑥～⑦）を担当するのがプログラマ（コーディング技術者）と呼ばれる人である。

プログラマは翻訳者

物事は何でもそうだが、上流工程（最初に意思決定するプロセス）のほうが仕事が面白くて給料が高い。ＩＴ業界もそうである。そうすると、先に書いたような「翻訳部分だけ」を担当するような、狭い意味でのプログラマにはあまりならないほうがいいかもしれない。

プログラマの仕事は、人間向けの言語で書かれた指示命令を、コンピュータ向けの言語であるプログラミング言語に翻訳する仕事である。だから、人口に膾炙《かいしゃ》するイメージである高度な数学を駆使したり、錬金術のような計算手順を弄して悪魔的なプログラムを作成する仕事だと考えると、実際にやっている仕事とは乖離《かいり》すると思う。

そうした魔術的なプログラミングをして世界的に賞賛されている人たちは実在するが、世界で行われている「プログラミングという実務全体」から考えると極少数の例外だと思ったほうがよい。

もちろん、人間の駆動原理とコンピュータの駆動原理はまったく異なるので、「翻訳」だって難しい（というか面倒な）作業には違いないのだが、どちらかと言えば必要とされる能力は、論理的思考力だったり、言語運用能力だったりする。

これがもうちょっと上流工程の仕事になると、ＳＥは部下を統率するためのマネジメント能力が要求されるようになり、システムアナリストであれば顧客の悩みの本質を抽出するコミュニケーション能力や情報分析能力が、必要スキルとして足されることになる。

プログラミング言語から実行ファイルへ翻訳

この工程を経て出来上がったプログラムは、さらに利用者がすぐに使うことができる実行ファイルへと翻訳されることになる。

実行ファイルに翻訳される前のプログラムはソースコードと呼ばれ、汎用性が高い状態なのだ。人間が読んでも意味を追えるし、どのＰＣでも使える「可能性」がある。しかし、ＰＣやスマホはソースコードを渡されても、そのままでは人間からの指示を解釈できない。

そこで翻訳をして、コンピュータがすぐに命令に従って動き始めることができる、実行ファイルを作るのである。今の段階では、実行ファイル＝アプリケーションソフトウェアと考えていても構わない。

プログラミング言語とは何か

待て待て。では、プログラミング言語とは何なのか。コンピュータの言葉だから、プログラミング言語なのではないのか。そうであるならば、それをさらに別のもの（実行ファイル）へ翻訳するとは何事なのか。

実はコンピュータはプログラミング言語を直接理解することはできない。コンピュータが本当に理解し、従うことができる言語はマシン語といって、人間にとっては本当に謎の言葉である。言われなければ、言葉であることさえ気付かない。映画やイメージ映像でよく見る、0や1の羅列がそうである。あれしか、コンピュータは理解できない。

マシン語にもきちんとした言語体系や文法はあるのだが、あれはいけない。人間が直接書く代物ではない。中にはマシン語の詩人と呼ばれるような越境者がいて、マシン語でプログラムを直接作る人もいるが、「翻訳機を介さない、極限の実行効率を持つプログラムを作ろう」といった、何かしら世界びっくり人間大賞的な目的のもとに作られることが多いので、例外と考えておいてよい。

では、日本語で書かれた指示をマシン語に翻訳すればよいのではないか。いいアイデアだが実現は難しい。日本語の文法が手に負えないほど難解で、無数の例外に満たされていることは中学、高校の国語の時間に嫌というほど学んだ。

そこで、プログラミング言語という中間形態が出てくるのである。

プログラミング言語は、人間が使う自然言語ではない、人の手で作られた人工言語である。しかし、人が読み書きしやすいように、人の言語を模倣している。だから書きやすい。でも、人工言語であるから、文法がしっかりしていて、例外的イディオムなどもない。だから、翻訳しやすい。

今のところ、人間が「プログラミング言語」という人工言語を覚えて、それでプログラムを記述（プログラミング）し、それによって出来上がったプログラム（翻訳前なので、ソースコードと呼ぶこともあるのは、前述した通りだ）を翻訳機（翻訳の方法によって、インタプリタ、コンパイラと呼び分けられる）にかけ、コンピュータが指示を理解できるマシン語のプログラムが作られる。

このマシン語のプログラムにいくつかの付加物をくっつけると、私たちがふだんよく見る「××××.exe」といった名前が与えられる、即実行可能なアプリが出来上がるのだ。

「動くソフトウェア」の作り方

ソフトウェア開発をしている人に怒られるだろうが、すごく大雑把に言えば以下のようなプロセスで「動くソフトウェア」が作られる。

もやっとしたアイデア
↓
基本設計
↓
詳細設計
↓
ソースコード
↓
実行ファイル

遠回りなようでも、現時点ではこれが最も効率がよいのだ。もっとも、将来これが変わっていく可能性は十分にある。

たとえば、30年前にプログラムを作ると言えば、こんな感じだった（後述するC言語）。

〈実例〉

```
#include <stdio.h>              下準備やメンテナンスのための共通事項を、ここに挿入する
int main(void)                  {}の中がmainというブロックですよ
{
    printf("hello, world\n");   hello, world と表示して改行しましょう
}
```

もちろん、この書き方は今でも使えるが、子供向けのプログラミング教室だと、今は次ページの図1のような方法でプログラムを作る。

コンピュータに対して何らかの指示を出しているという本質は変わらないが、その指示の出し方が、毛筆の手紙とレゴブロックの積み上げほどに違う。後者であれば、英語やアルファベットを理解できない低年齢児でもプログラミングに親しめる利点もある。

今のところは、見た目が違うだけで、やっていることの本質は同じだ。プログラミングの効率性や生産性を考えると、前者のほうにまだ分がある。

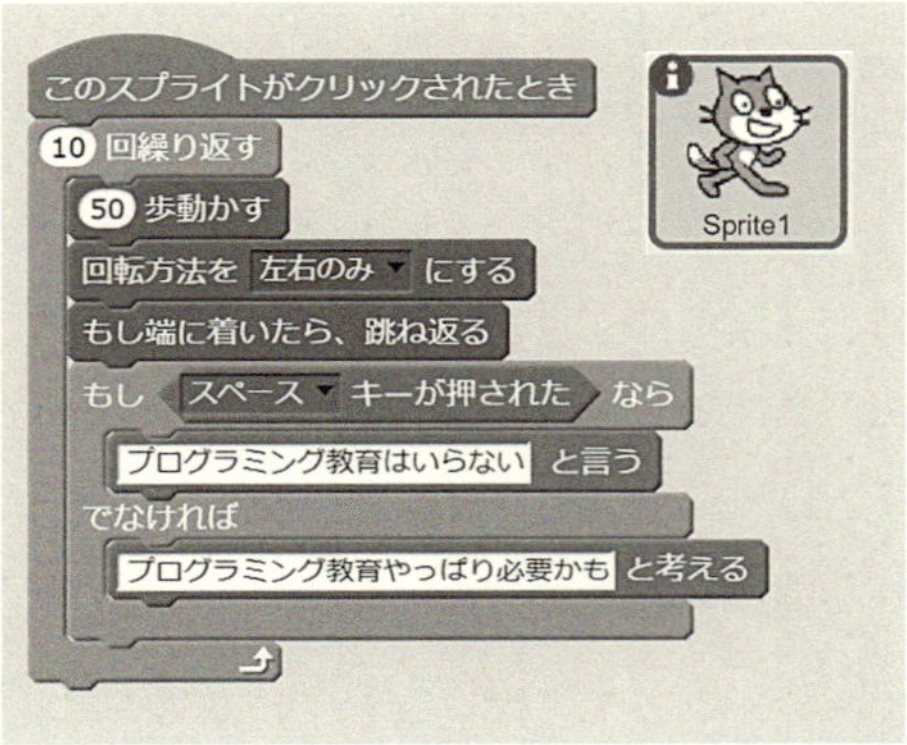

図1

しかし、後者のタイプのプログラミングスタイルがより使いやすくなり、できることが拡大していけば、たとえばブレインストーミングで使われるアイデア出し用のポストイットなどとコンピュータシステムとを統合して、アイデア→即プログラムといったプログラミングスタイルも登場してくるだろう。実際、その萌芽的なものは、すでに存在している。

現時点では、アイデア→仕様書→設計→プログラミングと、アイデアが実際にアプリやサービスになるためには多くの中間工程を挟む。時間もかかるし、何よりもアイデアの発案者と、実際にアプリやサービスを作るプログラマの立ち位置が遠くて、お互いにコミュニケーションが取れていないことが多い。

「どうして？」と疑問符がつくほど、誰も望んでいないような無残なアプリが登場することがあるが、その原因は往々にしてこの中間工程の複雑さと長期化にある。アイデアを即アプりにできるような環境が徐々に整っていけば、そのような不幸は減らせるだろう。

多種多様なプログラミング言語

話を現在のプログラミング言語に戻すと、未だ先ほどのようなプログラミングスタイルが主流である。英語や数式によく似た言語体系で、テキストとしてプログラムを書き、それをマシン語に翻訳する。

自然言語に、英語や日本語、中国語といった種類があるように、プログラミング言語にも多種多様なバリエーションがある。C言語やJava《ジャバ》などは、日常会話でも耳にする機会があるかもしれない。

人工言語なのだから、使い勝手を考えて1つにまとめておいてくれてもよさそうなものだが、言語ごとに得意分野や向いている業務などがあり、また、情報システムの設計思想も時代とともに変遷するため、より簡単に効果的に安全なプログラムを作ることを目的に、どんどん新しい言語が作られている。ビジネス誌などで目にする機会がありそうな主要言語を、少しだけ紹介しておく。

【COBOL《コボル》】

「Common Business Oriented Language」（共通事務処理用言語）の略語。その名の通り、事務仕事を自動化するプログラムを作ることが主目的。科学技術計算には不向き（そうした用途にはFORTRAN《フォートラン》という言語がある）。老朽化が進んでおり、枯れた技術の代名詞。入社したての新人がＣＯＢＯＬ担当になったら、将来の自分の市場価値を考えて真剣に転職を考えるレベル。

　厚生労働省は、統計調査不正問題で、プログラムがＣＯＢＯＬで書かれていたので、扱える者が１人または２人しかいなかったと釈明した。世の中には色々な言い訳があるものだ。

〈実例〉

```
000100 IDENTIFICATION DIVISION.      見出し部分
000200 PROGRAM-ID. HELLO.            HELLOって名前のプログラムだよ！
000300 PROCEDURE DIVISION.           手続（仕事）部分
000400 MAIN.                         ここがメインブロック
000500    DISPLAY 'HELLO, WORLD'.    HELLO, WORLDって、画面に表示
```

000600　STOP RUN.　　　　　　　　　　ここで終了

見た目はほぼ英文なので、取っつきやすさはあるが、それに拘るあまり、プログラミングの効率を犠牲にしている側面がある。

【C言語】

シンプルで、実行速度が速いプログラミング言語。これといった苦手分野もなく、汎用性が高い。様々な分野で主力プログラミング言語として使われている。欠点、というか取っつきにくさは大きい。かなりコンピュータよりの言語。

先ほどのCOBOLの「命令」の考え方は、かなり人間に近く、5行目の「DISPLAY」(表示)など、直感的に理解しやすかった。しかし、コンピュータ的には、「画面表示」という仕事はもう少し細かい命令の集合体だ。

たとえば、「表示」と言っても、その相手がディスプレイなのか、プリンタなのか、ファイルシステムなのか、改行はするのかしないのかなど、命令してあげないといけないことは、まだまだたくさんある。したがって、C言語でプログラムを書くときは、ちょっとコンピュータに寄り添って（人間の水準より、仕事を細分化して）命令を記述する感覚になる。
もう、相当古い言語だが、C++、C#（C言語とはちょっと違うけど）といった形で進化し、現代の情報システム環境（多機種化、大規模化、高流動化等）に適合したプログラミングスタイルに対応している。

〈実例〉

```
#include <stdio.h>          下準備やメンテナンスのための共通事項を、ここに挿入する
int main(void)              {}の中がmainというブロックですよ
{
    printf("hello, world\n");   hello, worldと表示して改行しましょう
}
```

見た目は、英語っぽさと数式っぽさの中間。あまりにも色々なことができるため、プログラマの間違いがそのままコンピュータの異常動作に直結する怖さもある。現代的なプログラミング言語のように、「その命令の仕方は一歩間違うとシステムを壊すので、別の命令の仕

方に変更しましょう」などとは促してくれない。

【Java】

オブジェクト指向という考え方を取り入れたプログラミング言語。オブジェクト指向の説明は本書の範囲を超えるが、巨大で複雑なプログラムを作るに際して大きな武器になる（C言語にオブジェクト指向を取り入れて進化させたのがC++）。

見た目はC言語やC++に類似している。

〈実例〉

```
public class Hello {
    public static void main(String[] args){
        System.out.println("Hello, world");
    }
}
```

Hello っていうプログラムだよ！

{} の中が main っていうブロックだよ

Hello, world って表示するよ

Ｊａｖａで特徴的なのは、どんなマシンでも使えるように考えられている点である。たとえば、システムＡ用に作られたプログラムを、そのままシステムＢに移動しても、動かないことがほとんどである。それぞれ、個別のシステムの事情や特徴があるからだ。しかし、Ｊａｖａでは、各システムにＪａｖａ仮想マシンと呼ばれる架空のコンピュータを作り上げる。Ｊａｖａで書いたプログラムは、この架空のコンピュータ（どんなマシンで動かしても、架空コンピュータはみんな一緒）で動くので、理屈の上ではどんなコンピュータでも動作させることができる。

たとえば、ＰＣ用に書いたプログラムを、スマホでも使いたいのでスマホ用に書き換える、といった手間を省けることは大きな利点である。

【Python《パイソン》】

ＡＩのプログラムを書くのに使われているらしいぞ！　ということで、最近注目のプログラミング言語。親が子供に習わせたい言語ナンバーワン。後発の言語だけに、先行した言語の欠点をよく考えて設計されており、同じ仕事をさせるならPythonを使うと短いプログラムで表現できることが多い。

```
print("Hello, world")
```
Hello, world って表示する

別にＡＩしか作れないというわけではなく、週末プログラマから本格的な基幹システムまで、様々な用途に利用することができる。

また、Pythonに限らず近年の言語の特徴だが、プログラマの技術や配慮が足りなくても危険なアプリ（ハッカーに攻撃されやすいとか。いわゆる脆弱性のある状態）になりにくいような設計になっている。

プログラミング言語は１つ覚えれば応用が利く

ＩＴ企業などでは、こうした言語を駆使して、日々プログラムが生産されている。どんなプログラミング言語を使うかは、会社の方針で決まることや、作るシステムの特性で決まること、クライアントの要望で決まることなど様々で、１人で複数の言語を使いこなさねばならないことも日常的にあるし、新しい言語が登場すればそれを覚えなければならないこともある。

ただ、新しい言語の習得については、そんなに心配することはない。外国語の習得でよく言われるように、1つ言語をマスターすると、2つめの言語は結構すんなりマスターできる。プログラミング言語の学習も同じである。

だから、今覚えたプログラミング言語が、将来的に廃れてしまって役に立たなくなるのでは？　といった心配はあまりしなくていい。もちろん、新しい言語を覚えるのは一手間ではあるのだが、それを言い出すと、この業界は常に新しいものが出続けているので、最適な学習タイミングなどないことになってしまう。

プログラミング学習においては、何か1つでいいので、ある言語を使いこなした、という感覚が重要である。1回使いこなしてしまえば、後はいくらでも応用が利く。

プログラミングが必要な仕事の種類

プログラムそのものが必要、という意味では、現代社会はプログラムなしには成り立たない。

ちょっとコンビニに行っただけでも、そこに並んでいる商品群は、複雑怪奇なサプライチェーンシステムが流通を制御してくれたお陰で店舗に届いているし、無事に届いたその商品は消費者行動分析システムが緻密に計算した通りに、最も目につきそうな、買ってくれそうな場所に配置され、顧客の購入額が最大化するように誘導する。レジで商品を購入する段では、電子決済システムが働き、購入履歴データがデータベース（情報の蓄積機構）に書き込まれ、顧客を囲い込むためのデータを蓄積していく。

業務ではない、日常の生活だってそうだ。エアコンの風力・風向はプログラムによって弾き出された数値によって決定されるし、温度や湿度が変われればそれに追従して動き方を変える。もうちょっとアナログに見える扇風機やこたつだって、プログラムによって制御されている。

システムに囲まれて、支配される日常は嫌だと考え、アウトドアに出発したとしたらどうだろう？　荒れ地を走破する４ＷＤはプログラムによる制御の結晶で、手首に輝くスマートウォッチはゼンマイや歯車とは関係なしに、プログラムによって駆動している。

「そうしたものを使ってはいるけど、作ってはいないよ」という人も、プログラムを作って仕事が楽になる要素はたくさんある。

今は、ＡＩに仕事を奪われるのでは？　という議論が盛んだが、そもそもシステム化とは、つまらない単純作業や繰り返し作業をコンピュータに任せ、人間はもっとクリエイティブな仕事に集中しようというところが出発点だった（最近では、「クリエイティブな仕事ができる人、やりたい人なんて実はそんなに多くなくて、ＡＩのほうが高度な仕事が得意なのでは？」とか、「単純作業にちょっとしたコミュニケーションを足した仕事こそ、人間に残された仕事なのでは？」といった疑義も出てきているが、それについては後段で詳細に議論しよう）。

エクセルのマクロもプログラム

たとえば、エクセルで仕事をしている人だったら、マクロを使ったことがあるかもしれない。マクロも立派なプログラムである。

「マクロなんて初めて聞いた」という人のために補足しておくと、マクロとは繰り返し作業を自動化してくれる機能である。別にエクセルだけでなく、色々なソフトウェアが機能として持っている。

イメージとしては、作業の録画である。たとえば、エクセル上のＡ１からＢ２までのセルを選択して、内容を削除するというつまらん作業を１００回繰り返さなければならないとしたら、それを命じた上司に確実に殺意を覚えるだろう。

そんなときに、自分の作業を記録してプログラム化してしまうのが、マクロだ。エクセルの場合は、「マクロの記録」をオンにした状態で作業を行うと、記録している間の作業がすべてプログラム化される。

先ほど例として挙げた「A1からB2までのセルを選択して、内容を削除する」作業を、マクロの記録によってプログラム化してみよう（図2）。

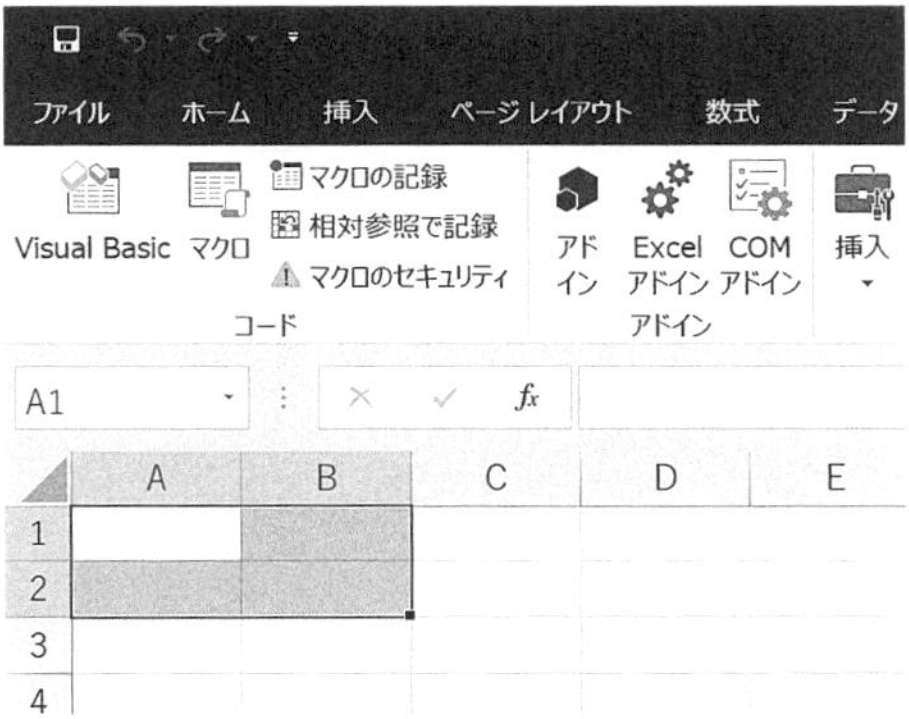

図2

作業自体は、いつも通りマウスを使ってカチカチやっているだけなのだが、マクロ機能は「この作業はプログラムとして表現するとこうなるぞ」と、プログラムを作ってくれるのである。出来上がったプログラムは次のようなものだ。

〈実例〉

```
Sub つまらんマクロ()
```

```
'つまらんマクロ Macro
'
Range("A1:B2").Select
Selection.ClearContents
End Sub
```

文法や命令の意味はわからなくても、A1:B2とあったり、Clearという単語が見えたりするので、「ああ、さっきやった作業だな」とわかる。ちなみにこれはＶＢＡ（Visual Basic for Applications）という比較的初心者向けの言語で書かれている。

エクセルにしてみれば、マウスのクリックで指示されようが、プログラミング言語による命令として指示されようが、やること／できることは一緒なので、特にプログラムを知らない人による操作であっても、プログラム化することができるわけである。

そして、一度プログラム化してしまえば、それを１万回繰り返すことも、タイマーを使って特定の時間に実行することも簡単だ。１万回クリックしたり、指定時間にＰＣの前に座ってエンターキーを押したりする必要から解放される。

このような簡単な作業であっても、プログラミングによる効果は絶大である。

では、日本をよくするために、国民全員がプログラミングを学べばよいのだろうか？

プログラミングは学校で学べるのか

プログラミングは学校で学べる。基本的なプログラムは誰でも書けるようになる。

幼児が言葉を獲得できるように、学習者はプログラミング言語を獲得できる。

たとえば、私の子供の1人には発達障害がある。

コンピュータ屋の拙いたとえで不快に思われたら申し訳ないが、知的障害がCPU（中央処理装置。コンピュータの中核機器）のトラブルだとしたら、発達障害（その中でも特に大きな割合を占める自閉症スペクトラム）は入出力機器のトラブルである。

CPUのほうが中核機器なので、一見するとCPUのトラブルのほうが大変そうに見えるが（実際大変だが）、トラブルを抱えて性能がダウンしたCPUに仕事をしてもらうことは可能である。キンキンにまわるトップクラスのCPUに比べたらやれることは少なく、遅いかもしれないが、それでも可能だ。

一方で、入出力機器のトラブルはなかなか深刻だ。内部でいくらきちんと計算ができていても、「あいうえお」と書くべきところを「おえういあ」と書いたりする。入出力のトラブルということは、先生の話もなかなか聞き取れないし、友達とのコミュニケーションもうまくいかない。でも、CPU自体は通常運転しているので本人にはプライドがあり、うまくいかない状況にいらだったりする。

そのような難しい人生を抱えている発達障害の子でも、C言語のプログラムは書けたりする。文法が確定的なので、人とやり取りするよりもスムーズなほどだ（発達障害者は、不測の事態や行間を読むような事態に弱いところがあるので、コンピュータとのコミュニケーションに向いている）。だから、障害のない人が、プログラミングを習得できないことはないと言えよう。

センスは必要か

もちろん、ある種の特殊なプログラムは別である。高度な数学を駆使したり、アクロバティックなアルゴリズム（計算手順）を展開するようなプログラムは、ある種のセンスが問われることは確かだ。そして、そのセンスは一般的に学校で学べるようなものではない。

たとえば、巻頭で引用したプログラムである。これは何のゲームのプログラムだかわかるだろうか。

```
<body id=D onKeyDown=K=event.keyCode-38><script>Z=X=[B=A=12];fu
nction Y(){for(C=[q=c=i=4];f=i--*K;c-=!Z[h+(K+6?p+K:C[i]=p*A-(p/9|0)*145)])
p=B[i];for(c?0:K+6?h+=K:t?B=C:0;i=K=q--;f+=Z[A+p])k=X[p=h+B[q]]=1;
h+=A;if(f|B)for(Z=X,X=[l=228],B=[[-7,-20,6,h=17,-9,3,3][t=++t%7]-4,0,1,t-6?-
A:2];l--;)for(l%A?l-=l%A*!Z[l]:(P+=k++,c=l+=A);--c>A;)Z[c]=Z[c-A];for(S="";i<2
40;S+=X[i]|(X[i]=Z[i]|=++i%A<2|i>228)?i%A?"■":"■<br>":"_");D.innerHT
ML=S+P;Z[5]||setTimeout(Y,i-P)}Y(h=K=t=P=0)
</script>
```

出典　https://zapanet.info/blog/item/1130

ふだんあまりプログラムを見慣れていない人には、プログラムであること自体、認識できないかもしれない。命令の集合というよりは、何かの暗号に見える。

実はこれはテトリスのプログラムなのである。昔、一世を風靡したあの落ちゲーの元祖だ。

初めて見ると、あんなに複雑（でもないが）なゲームが、こんなに短いプログラムで書けることに驚きを覚える。でも、書けるのである。もちろん、これはオリジナルのテトリスではない。本物はもっと長いプログラムとして書かれている。

しかし、できるだけ短いプログラムとしてテトリスを作ろう、と努力しているグループがいて、切磋琢磨を繰り返した結果がこれなのである。

この種のプログラムが書けるのは、とてもセンスのある人で、（個人的にはあまり好きな言葉ではないが）天才と表現しても差し支えない才能を発揮する人に限定される。

先に引用したプログラムについて、学校で解説を加えることはできるが、これを創造する才能を学校教育で育むことは本当に難しい。でも、そんな才能は日常生活や一般業務ではいらないのだ。むしろ状況によっては邪魔になることすらある。その理由は、２章で詳述しよう。

2章　プログラマとは何者か？

試行の回数を2倍にすると、創造力も2倍になる。

ベゾス（アマゾン）

天才プログラマの神話

プログラマと言われると、必ず引き合いに出される人たちがいる。ラリー・ペイジ、マーク・ザッカーバーグ、ビル・ゲイツ……、いずれも一時代、一帝国を築いた傑物である。ラリー・ペイジはグーグルを作り、マーク・ザッカーバーグはフェイスブックを作り、ビル・ゲイツはマイクロソフトを作った。いずれも小規模国家の歳入ほどの売上高を叩き出す巨大ＩＴ帝国である。

ＧＡＦＡ（グーグル、アマゾン、フェイスブック、アップル）はあまりに巨大な力を持ちすぎ、ＥＵに解体を目論まれているほどである。まさに帝国と呼称してよいほどの影響力を有し、最大限に発揮している。

創業者である彼らは、一代どころか数年でこれらの帝国の礎《いしずえ》を作ってしまった。それだけに、プログラマの天才性が強調されることがある。

確かに彼らのプログラミング能力は素晴らしい。だが、注意したいのはプログラミングテクニックだけであれば、彼らより優れている者もたくさんいることである。極端な話、情報オリンピックでメダルを取るような学生であれば、こうした「天才プログラマ」を凌駕するテクニックを持っているかもしれない。

しかし、そうした学生がみんな億万長者になれるわけではない。むしろ、なれない者がほとんどであることは周知の事実である。

では、単にプログラミングテクニックが優れている者と、大帝国を統《す》べる「天才」とはどこが違うのだろうか。

それは、アイデアと、そのアイデアを実製品・実サービス（ＩＴ屋であれば、実装と呼ぶだろう）に結びつける能力である。

ラリー・ペイジであれば、それまで手作業による入力が必須と思われていたウェブページの検索サービス（ディレクトリサービス）を、クローラ（ウェブページ収集プログラム。ウェブの大海をクロールで泳いでくる）によって完全自動化できるのではないか、そしてその順位付けは、他のウェブページからのリンク数が多いウェブページは重要度が高い、といった比較的単純な考え方で機能するのではないかと発想し、実現した点に妙味がある。

マーク・ザッカーバーグは、大学の学生名簿を公開し、条件付けによって友人になりやすそうな者同士をマッチングできれば便利で面白いのではないかと考え、ビル・ゲイツは、ハードウェアにＯＳをあわせるのではなく、ＯＳにハードウェアをあわせたほうが合理的だと考え、それを現実の製品として成立させたことによって、一世を風靡した。

ただ、これらのアイデア自体は、その当時、パーソナルコンピュータなりインターネットなりを利用していた人であれば、一度は発想したことがあると思われる。陳腐とまでは言わないが、それでノーベル賞やチューリング賞がもらえるほどのアイデアではない。

でも、それでいいのである。

アイデアと言うと、得てして突飛なものが求められるように感じられがちである。しかし、誰も考えもしなかったような突飛なアイデアは、やはり誰にも求められていないことが多い。ビジネスとして成功するのは、「みんな欲しいと思っていたけど、実現は不可能だと考えられていた」程度のアイデアであることが多いのである。ｉＰｈｏｎｅしかり、ｉＴｕｎｅｓしかりである。

重要なのはアイデアと実製品の距離の近さ

成功者が概ね共通して持っている特性は、アイデアと実製品の距離の近さである。ラリー・ペイジもマーク・ザッカーバーグも、アイデアを思いついただけにとどまらず、自分でコードを書き、サービスを作ってしまった。この距離感が、ライバルをビジネスで圧倒する速度と柔軟性を生む。発想を形にする力が傑出しているのである。

儲けるアイデアを持っている経営者は星の数ほどいるし、金になる技術を持っているプログラマも砂漠の砂粒ほど存在する。しかし、この二者はどちらかと言えば乖離傾向にあり、協力するというよりも、敵対していることが多い。両者があわされば面白いことができそうな環境下でも、反目の結果ろくでもない製品やサービスが登場する。

アイデアとそれを実現する能力の距離は、必ずしもゼロでなくていいと思う。アイデアパーソン＝プログラマであれば実装速度は速いだろうが、それは必須条件ではない。

たとえば、スティーブ・ジョブズはプログラムを書いたが、業務水準のプログラムが書けたかどうかは疑問符がつく。アマゾンのジェフ・ベゾスはキャリアの最初期にしかプログラムを書いていないと思われる。しかし、専制的とも言われるほどのプログラマへの指示と対話により、自分のアイデアを、輪郭を保ちながら市場に問うことに成功している。

社会システムや企業システム、そこまで大きくなくてもある製品やサービスを構築しようとするとき、立案者や企画者がそのまま開発者である必要はないと思う。

社会も技術も複雑化しており、１人で両方を完全に掌握できるスーパーアントレプレナーやスーパーエンジニアは、理想ではあるがたくさん輩出されるものではない。むしろ、自分では業務水準のプログラムは書けないが、プログラミングのプロセスや方法論を熟知しており、プログラマと直接対話ができる経営者や企画者、もしくは経営者や企画者と業務のグランドデザイン（全体構想、戦略）やソリューション（解決策）を語れるプログラマを育成するほうが現実的である。

現状の組織体では、ゼロ距離どころか、この距離１の関係すら、構築されていることは稀である。多くの場合、経営者や立案者とプログラマの間に、コンサルタントやアナリスト、アーキテクト、プロジェクトマネージャ、ＳＥなどの中間項が挟まれ（職種の中身の違いは後述）、中間項の数が増すほどにアイデアとプログラムの間に生まれる誤差は大きくなる。

巨大組織で巨大システムを作る場合には、やむを得ないと考えられていることだが、しかし、この距離を短くする努力をしないと、ろくでもない製品やサービスが生産され続ける悲劇は減少しない。

プログラミング技術を極めるより大事なこと

アイデアをプログラム化する手段、すなわちプログラミングは、１章のマクロの例を見てもわかるように、少しずつではあるが自動化され始めている。

また、何を作りたいのか、何をしたいのか、つまりコンピュータに何を命令したいのかさえ、しっかり確定させることができれば、その命令をプログラミング言語に置き換えること自体は、単純な翻訳作業の側面を有している。

それが何を意味するかと言えば、プログラミングは決して時間単価の高い仕事ではなく、近年ではプログラミングのアウトソーシングやオフショアリング（海外拠点への機能移転）も進んでいるということである。

だから、特殊な例を除いて、プログラミング技術を極めるよりは、何か他の立脚点を持ち、そのアイデアを実現するツールとしてプログラミングのことを理解する人材になったほうがよいと考えられる。

スーパープログラマには、今後も需要があり続けるが、後述するように、教育によって確実に育成できるものではない。スーパープログラマが学校システムによく適合し、成績優秀者であることはあっても、学校システムがスーパープログラマを作ることはできないし、成績優秀者→スーパープログラマというベクトルは成り立たない。

ハコモノ行政が社会インフラを作っていた時代、社会インフラを構想するアーキテクトやデザイナは、建築や土木について無知ではいられなかった。少なくとも、現行技術において、何ができるのか、どこまでできるのか、を把握していなければ、都市のグランドデザインなど夢想することもできない。

現代の社会インフラと言えば、情報システムである。そして、情報システムを形作るのはプログラミングによって作られたアプリケーションソフトウェアであり、それが複雑に織り上げられたプロダクト（製品）だ。

今や情報システムをまったく使わずに遂行できる業務などない。だから、およそ組織をリードする企業経営者も政策立案者も、プロジェクトや部局を導く中間管理職も、ある業務単位を導く担当者も、プログラミングについて最低限の知見を持っている必要がある。

くどいようだが、社会インフラやプロダクト、サービスの立案者・企画者が必ずしも自らプログラミングをする必要はない。しかし、プログラマと直接対話できる水準の情報技術を有しておくことは、高い品質のインフラやサービスを生み出すための重要な要素である。

プログラミングというものを知っていれば、この製品は作れるのか／作れないのか、いくらで作れるのか、作った後にいくらかかるのか、どちらの要素技術を選択すべきか等、経営者やリーダーが製品の公開までに何十回、何百回と繰り返さなければならない決断において、正しい判断を行える可能性が高まる。

全体として見れば、トップ（会社のトップだけでなく、プロジェクトや小チームのトップもそうだ）がプログラミングを知っていることで、仕事が成功する確率や、高効率化する確率は飛躍的に高まる。

これができないと、会社のトップが「取りあえずＡＩを導入しよう」とか、「クラウドにすれば、コストが１／１００になるんだろう？」などと唐突に言い出し、自社環境においてはそんなことにならないことを説明するために、３００人月（人月とは、１人の人が１か月に行える仕事量のこと。ＩＴ分野で多用される考え方）が投入されるといった悲喜劇が繰り返されることになる。

コストカットのために極限まで手当を削り、サービス残業を実施し、蛍光灯を間引いて点灯しても、右記のようなコストはむしろ膨らむ傾向にあるのだ。

SE＝ITエンジニア＝プログラマ？

ＩＴには悪名高い2文字略語、3文字略語、4文字略語が多い。最近では悪質性が増し、5文字略語から10文字略語まで平気で登場する。

ＩＴ自体がそもそも謎である。ＩＴ技術などと使ってしまうこともある、ＩＴのＴは技術のTではなかったのか。よくある「写真はイメージです」の残念さと同様だ。イメージとは写真のことではないのか。

だから、ＩＴ企業に就職するぞ、と考えたときも、よくよく注意する必要がある。

小見出しに挙げたようなＳＥ、ＩＴエンジニア、プログラマの他にも先ほど挙げた、コンサルタントやアナリスト、アーキテクト、プロジェクトマネージャ、エヴァンジェリストなどの虚々実々の職種が志願者を待ち構えている。

本書ではプログラマという言葉をすでに相当使っているので、これらの言葉の定義をきちんとしておくことは重要だろう。実務では、「今まで営業担当技術者って言ってたけど、格好悪いから明日からエヴァンジェリストに名刺変更ね！」といった事態がなくもないが、一応これらの名前は、違いがあるから分けて作られているのである。

その違いを理解するためには、システムを作る仕事の内幕を知るのが近道である。

プログラミングの役割

図3をご覧いただきたい。一口に「システムを作る」と言っても、これだけの工程がある。

いや、実はもっと適当に作っている会社もあるのだが、ＩＴ産業そのものの品質がいまい

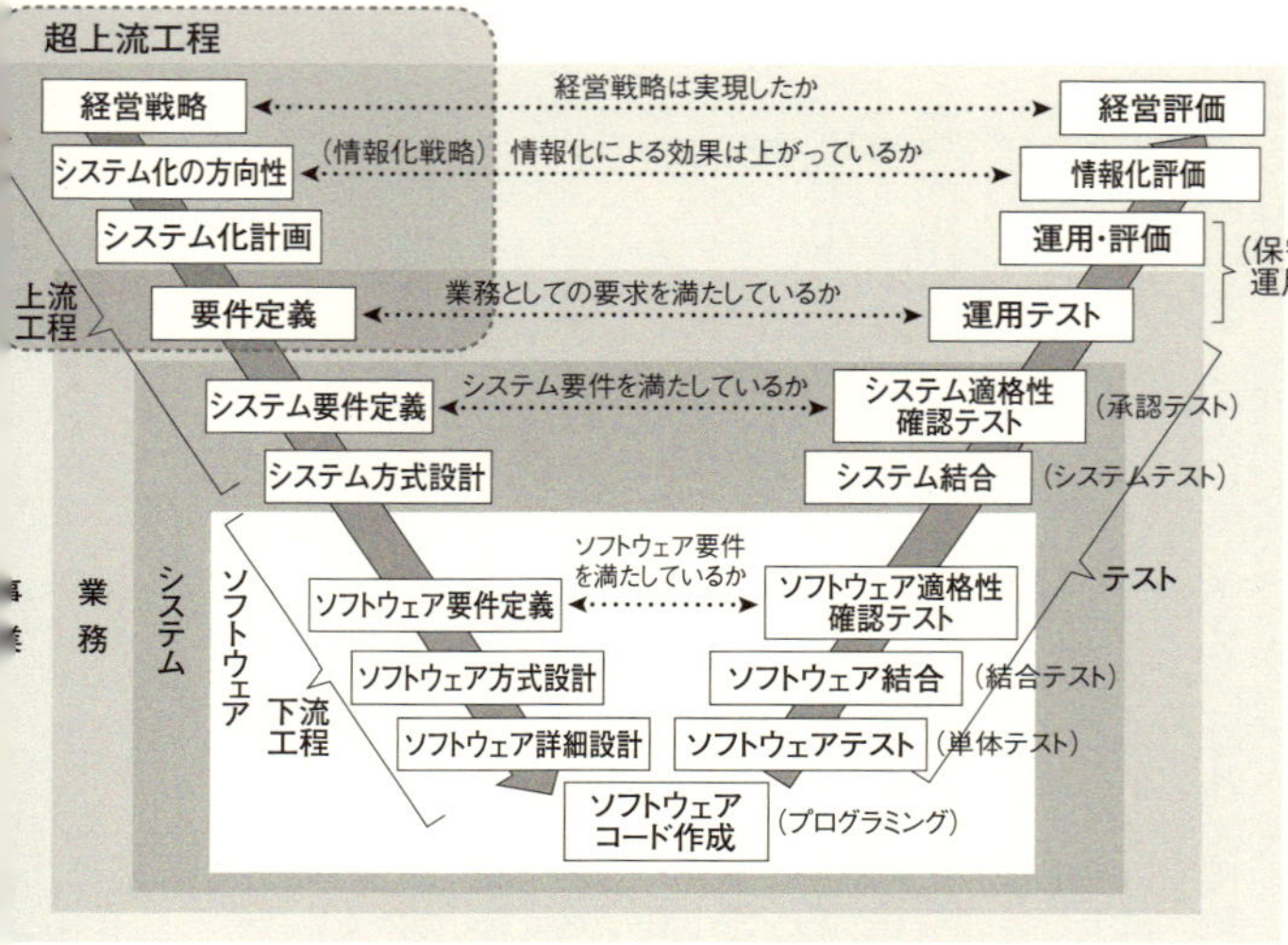

出典　IPA（情報処理推進機構）ソフトウェア・エンジニアリング・センター編『経営者が参画する要求品質の確保（第2版）』オーム社、2006年、IPA（情報処理推進機構）ソフトウェア・エンジニアリング・センター編『共通フレーム2007』オーム社、2009年を基に木暮仁氏が作成
http://www.kogures.com/hitoshi/webtext/std-kyotu-frame/index.html

図3

ち揃わないので、各国や各種業界団体が躍起になって、システムのものづくりプロセスを標準化しようとしている。これは「共通フレーム２０１３」という標準規格から引用してきたものだ。

図３の左側の矢印は、ものを作っていくプロセス、右側の矢印は出来上がったもの（最初はパーツ）を検証して組み合わせて、最終製品に仕上げていくプロセスである。当面は、左側だけ気にしておけばよい。

図3をよく見てみると、描かれたV字の頂点部分にソフトウェアコード作成（プログラミング）とある。10段階もある作成プロセスの最後の1段階として、

ちょこんと載っているだけなのである。全体の作業量の中で、決して大きな割合を占めているわけではない。

また、この矢印を川の流れに見立てて、経営戦略からシステム方式設計あたりを上流工程、ソフトウェア要件定義からプログラミングに至るあたりを下流工程と呼ぶ（慣習的に、図の右側にあたるテストや保守・運用を下流工程と呼ぶことがある）。

中でも経営戦略、システム化の方向性、システム化計画、要件定義は近年特に注目を集めていて、特別に「超上流工程」と呼ばれている。左上の四角で囲まれている部分がそれである。

これは、「何がしたいのか」「どんなシステムを作りたいのか」といった方針を定める作業である。どんな仕事でもそうだが、大方針が間違っていれば、その方針に従って行われる後続の作業をどのように頑張っても、思っていたような結果を得られない。

つまり、身も蓋もない言い方をしてしまえば、

超上流工程　↓　取り返しのつかない重要作業

プログラミング　↓　失敗したとしても、超上流工程よりリカバリーは楽

ということになる。

もちろん、プログラミングの重要性は論を俟《ま》たない。命令文を1つ間違えるだけで、機密情報を全世界に公開したり、ハッカーに攻撃され放題のシステムになってしまうこともあるからだ。

だが、プログラミングにそうした瑕疵《かし》が紛れ込むことは織り込み済みだし、テストしたり発見したりする技法もある。あまりやりたくはないが、プログラムの改修をしてもよい。

でも、超上流工程の仕事はより抽象的で、仮に間違えたとしてもそれを発見しにくく、かつ間違えると取り返しがつかない（今まで作ってきたものすべてを捨てる覚悟が必要）。だから重要で、置換可能性が低い。

システムを満足に運用するためにはどの工程も重要だが、やはり超上流工程にこそ優秀な人材を配置したいのも組織の本音だ。だから、プログラミングを知ることは重要だが、プログラミング技術そのものだけを学ぶより、プログラミングによって実現したいアイデアや企画を作るための専門性、プログラミングによって解決したい問題を発見し、解決方法を分析・構築できる専門性もあわせて学ぶことが重要だと思う。

システム作りのプロセス

では、システム作りのプロセスを追っていこう。

このガイドライン自体は、企業の業務システムを作ることを念頭に置いているので、これがｉＰｈｏｎｅを作るプロセスか！　と受け止めるとちょっと違和感があるが、おおもとは同じである。

・**経営戦略**　↓　企業や組織をどっちの方向へ導くかの大方針

・**システム化の方向性**　↓　方針に従って組織や規程を作っていくとして、そのうち情報システムで問題解決をする部分はどこか切り出す

・**システム化計画**　↓　システム化する仕事の内容や課題を調査し、業務モデルを作り、システム化する機能や方式を決める

〈ここまでが会社全体のお話〉

・**要件定義**　↓　業務をシステム化したとき、何と何ができるのか（機能要件）、どのく

らいの性能で何秒で結果を出すのか（非機能要件）、スケジュールなどを決める
〈ここまでが業務のお話。会社の中にはいくつかの業務がある〉

・**システム要件定義** ↓ そのシステムを作る目標や対象範囲、機能や信頼性、ライフサイクル、セキュリティ水準、費用などを決める

・**システム方式設計** ↓ システム要件を満たすためには、どんな方式を用いるか、どんな要素を組み合わせるか、システム外部と内部のインタフェースなどを決める
〈ここまでがシステムのお話。1つの業務は1つもしくは複数のシステムで作られる〉

・**ソフトウェア要件定義** ↓ ソフトウェアの機能や能力、データ、セキュリティ、インタフェースを決める

・**ソフトウェア方式設計** ↓ 定義された要件を満たすための最適なソフトウェア構造や、ソフトウェアをさらに細分化したコンポーネント（たとえば、たぬきそばというソフトウェアがあったとすると、これは、そばコンポーネントやてんかすコンポーネントへと細分化できる。そばコンポーネントはきつねそばを作ることにも転用でき、業務資源の

再利用性を高める。大きなソフトウェアを一気に作るのは難易度が高いが、小さなコンポーネントであれば楽に作れるかもしれない。さらに、小さな単位になったことで使い回しが利くのであれば、一石二鳥である）の配置を決める

・**ソフトウェア詳細設計**　↓　コンポーネントで行うことを文書化する

・**ソフトウェアコード作成（プログラミング）**　↓　詳細設計をもとに、プログラムを書く

〈ここまでがソフトウェアのお話。1つのシステムは、いくつかのソフトウェアによって作られる。ソフトウェアはさらにコンポーネントへと細分化される〉

それぞれの作業と職種の対応

上流工程から下流工程へと流れるこれらの作業のうち、経営戦略やシステム化の方向性、システム化計画を担当するのが、ストラテジスト（コンサルタントのほうが通りがいいかも。アナリストと呼ばれることも）、要件定義、システム要件定義、システム方式設計あたりを担当するのが、アーキテクトである。

もっとも、このあたりの呼称は企業によってかなり異なるので、参考程度である。

ＩＴエンジニアというと、上流工程から下流工程まですべての技術者を包摂《ほうせつ》する言い方になる。システムエンジニア（ＳＥ）は、システムの領域全般を扱うため、アーキテクトのちょい下流あたりからプログラミングの直前あたりまでの作業を担当する人を指すことが多い。広く普及して意味が拡散した言葉なので、ＩＴエンジニア同様、ＩＴ系の技術者すべてをひっくるめてＳＥと呼ぶこともあるし、ＳＥがプログラミングを行うことも多い。

プログラマは、プログラミングを行う人である。上流工程もこなせるけど、プログラミングが大好きだから、ずっとプログラマだよ、という人もいるが、一般的なイメージとしては、プログラマを何年か経験してＳＥに昇格する形式になっている組織が多い。

もちろん、社会を変えよう！　という大きな志と発想を持って、戦略立案からプログラミングまでを１人でやってしまうようなスーパープログラマは、この限りではない。

そして、こうした個々のシステム開発プロジェクトを管理して、チームを作り、運営し、予算や納期、品質を守る責任者をプロジェクトマネージャと呼ぶ。

エヴァンジェリストは、キリスト教における伝道者から引いた言葉で、技術を普及・啓蒙するために講演や記述活動を行う者を指す。語るべき技術は必ずしも自社のものとは限らないが、近年では「ふつうに営業職では？」という役割にエヴァンジェリストの名を冠している企業も散見される。

学校教育で天才プログラマは作れるか

教育で作れる能力のことを、そもそも天才とは言わないだろう。端的に言って無理である。もうちょっと表現をマイルドにして、「天才的な人」は学校の教育現場でもたまにお目にかかることがあるが、そういう人は1を聞いて10を知ってしまうので、教育が「天才的な能力」を育んでいるかどうかは、かなり疑わしい。

教育の、そうした天才的な能力への寄与は、せいぜいサポートか、せっかくの才能が途中で折れないように守ることくらいなのではないか。たぶん天才的な人を育てる最も大事な要素は、彼ら／彼女らの邪魔をしないことである。

でも、がっかりすることはない。そもそも我々は天才を必要としない時代、天才がいなくてもイノベーションが可能な時代を目指していたのではないだろうか。個人の英知よりも集合知を、選良よりもみんなが参加する組織を指向して、世界をフラットにするインターネットや、その上で動作するソーシャルネットワークが作られてきたはずである。

天才を必要とする時代は不幸である、とする箴言《しんげん》がある。現れるかどうかもわからない天才に期待したり、現れた天才の器量や資質に依存すれば、周囲の人間や社会は振り回され、不安定になる。最初は清新だった天才が、次第に欲と権力にまみれた嫌な奴になるかもしれない。才能も枯渇するかもしれない。天才とは、システム的に言えばSPOF（単一障害点：そこが機能しなくなると、システム全体が機能しなくなるポイント）である。

そうではなくて、能力的には一般的な人であっても、みんなが協力することによって、天才の仕事と同水準か、もしかしたらそれ以上のことをなし遂げられるようになるインフラがインターネットであり、情報システムだったはずだ。

もちろん、近年ではインターネットの負の側面も強調されている。フラットな構造とスモールワールド性（「世間は狭い」を理論化したもの）、スケールフリー性（勝者一人勝ちの構造）が格差を助長したり、清新な世界であったはずのインターネットでも、結局はリアルな社会で豊富なリソース（資金、人脈、発信能力）を持つ者が有利であったり、フラットな競争で勝ち上がった者が勝者総取りをして固定化されるなど、解決しなければならない問題も多い。

しかし、それは人材育成とは別の話であるし、インターネットの正の側面は今も有効だ。その結果として、世界中が接続されてしまうようなフラットな競争環境が成立したわけだが、その世界では天才しか生き残れないわけではない。誰でもこの世界に参加できるし、この世界の中で活躍できる。もちろん、天才が出現して大仕事をなし遂げてもいいのだが、天才がいなくても回る世の中を作らなければならないし、我々はそれを行えるツールをすでに手にしているはずである。

1人では実現できないことも、誰かと協力すればできるようになるかもしれない。このときの「誰か」が、クラスの中や、職場の中ではなくて、世界中で探せるようになっただけである。

誰かが始めて、何らかの理由で途中で離れざるを得なくなったプロジェクトを、名前も知らない誰かが引き継げるかもしれない。インターネットは、厳しいけれども、風通しのよい社会を作ることに寄与してきた。インターネットの独占や寡占が進んでいると言われているが、我々はそれに対抗するべきだろうし、対抗できる人材を育てていくべきだ。

フラットな競争環境の中で力を発揮でき、その環境が脅かされるときには阻止することができる。そして、基本的には善良な価値観のもとで、他者を許容し、1人でも生きていけるし、必要であれば人と協力して生きていくこともできる――。

これからの社会で生き残り、社会をよりよい方向へ作り上げていくのは、そうした人材だ。

他者と対話し、コラボレーションできる能力が求められている。

もちろん、何の能力も持っていなければ、誰もコラボレーションしてくれないので、能力的なコア（中核）は必要だが、突出して1つの分野を極めることより、いくつかの専門分野にまたがり、全体を俯瞰し、何と何を結びつけることができ、何と何を結びつければどんな価値を生むことができるかを発想できる者が、社会をリードしていくことになるだろう。

天才ではない、そうした堅実で再現性の高い能力は、教育によって確かに育むことができる。

学校で行うプログラミング教育とは

このように論を進めてくると、今の社会で求められている能力は、巷間で言われている「プログラミング教育」と真逆なものではないかと疑問を持つ人もいるだろう。

プログラミング教育こそ、ずっとパソコンに向かい、人とのコミュニケーションを拒否し、プログラミングテクニックという汎用性の低い技術を学ぶ行為であるかのように、理解されている。

しかし、プログラムを作るという作業は、多くの人が考えているよりも、ずっと多くの知識や能力が求められる。
たとえば、パソコンやスマホで動作するゲームを作ることを考えてみよう。ゲーム作りの中核は、もちろんプログラミングではあるのだが、それだけではゲームは作れない。

私は小学生の頃、まだ非力だったパソコンでよく自作ゲームを作っていた。作れば発表したくなるのが人の常だが、当時は優秀作を載せてくれる雑誌がたくさんあった。未だインターネットはなく、ホームページやアプリストアで自作アプリを公開できるようになる遥か昔の話である。

自作のプログラムが誌面に活字として掲載されれば、よりモチベーションもわき、ゲーム作りのテクニック研鑽に磨きがかかる正のスパイラルがあった。しかし、ある日、私はそのプロセスから降りてしまった。

理由は簡単で、ゲームを作れなくなったからである。プログラミングテクニックが枯渇したわけではない。あれは一度習得すれば、新しい技術へのキャッチアップは必要なものの、枯渇するたぐいのものではない。

そうではなくて、パソコンの進化とともに、ゲーム作りに必要な能力が爆発的に増えてしまったのだ。

最初期のパソコンはできることが少なかったので、テキストだけでゲームを作っても誰も怒らなかった。インベーダーもどきのゲームを作るとき、「山」というテキストが自機だと言い張っても、怒り出すユーザはいなかった。音もＳｕｉｃａを改札機にかざしたときのようなビープ音しか出せなかった。

しかし、グラフィックが使えるようになり、それがどんどん美麗化し、音階が奏でられるようになり、多重音源が使えるようになった。すると、ユーザは当然、それを使いこなしたゲームを求めるようになってくる。

私はこれにまったく対応できなかった。

ゲームのプログラムは書けても、絵心がなくて絵が描けなかった。音楽も、単音でそれっぽいオープニングテーマをでっち上げることはできたが、和音を駆使したきちんとした楽曲など想像もつかなかった。そして、これらの要素がないと、なかなか「ゲーム」として認めてもらえなくなったのである。

ここで、私にコミュニケーション能力があれば、絵の描ける友達や作曲のできる知り合いとゲーム作りを続行できたかもしれないが、友達作りなど、あいにくと一番苦手な分野だ。

1人で何でもこなす人

ここでも、1人で色々なことをこなしてしまう人はいる。『君の名は。』でアニメーションの極点に立った新海誠監督は、その代表例だろう。

新海氏はもともと、ゲームのオープニングアニメーションを作る仕事をしていた。ゲーム作りの現場は、よほど潤沢な環境と予算が与えられている特別な作品でもなければ、常に自転車操業でかつかつなので、1人で何でもやることが要求される。アニメーションと言えばたくさんの人で作り上げるイメージがあるが、ゲームのオープニングアニメーションなど、ほとんど1人で作らなければならなかっただろう。

それが新海氏の能力の下地になっていると考えられる。1人で何でもやれてしまうのだ。出世作である『ほしのこえ』は、事実上新海氏の個人作品である。これは衝撃的だった。ある程度の尺のアニメーション作品を1人で作れるとは、それまで誰も考えていなかったのである。

だってそうだろう。リミテッドと呼ばれる、絵の数をケチった日本独特のアニメ仕様でも、1秒間に8枚ほどの絵が必要になる。1分間で480枚、30分番組の実質19分のアニメだとしても、9120枚である。絵の枚数をケチる手練手管はたくさんあるので、単純計算にあまり意味はないが、これだけの絵が必要となればアニメ産業は労働集約的にならざるを得ない。大人数を集めて大プロジェクトとして行うのが、それまでのアニメ制作の常識だった。

だから、アニメ作品というのは、意外に作家性が出にくい。大勢の人が集まって、大勢の人の意見と思惑があり、その混沌の中で1つの作品が産み落とされるので、個人に強烈な作家性があったとしても、プロダクトとして完成するまでの間に数多《あまた》の人の手を経る中で、希釈されてしまうのだ。

宮崎駿は？　と思う人もいるかもしれない。確かに宮崎駿の産み落とす作品には、作家性がある。でも、あれは鈴木敏夫というプロデューサーが、スタジオジブリという、ほとんど宮崎駿のためだけに存在する企業を組織して初めて成立したもので、作家がそのような幸運に恵まれることはほとんどないのだ。

もちろん、新海誠も人気が出て、注目が集まる中で、だんだんと多くのスタッフを抱えるようになっていく。しかし、「最終的には、1人で完成させられる」という自負と自信は、自身の作家性を貫く上で、大きなアドバンテージになっただろう。

だからすごいとも言えるし、だから初期段階ではカルト的な人気の作家にとどまった、という言い方もできる（おそらく、初めて大幅に他者の意見を取り入れた作品が『君の名は。』で、それが大ヒットの要因になったと思われるが、それは本書とは別の話だ）。

コラボする能力と中核能力

こういう実例を見せつけられると、デジタルを駆使すると1人でできるのか！　と成功例として捉えられ、これからの人材はこうであらねば！　などと短絡してしまいがちだが、やはり新海誠は特殊なケースである。あれだけ広い範囲にわたって能力を発揮できる人は、そうそう現れるものではないし、仮に学校教育でそうした人材を育成しようとすれば、生涯をかけるほどの時間が必要になってしまうだろう。

だから、それを目指す必要はない。

なぜなら、デジタル機器、デジタル環境の真価は、能力も異なり、距離も隔たった人同士が、少ないロスとコストでコラボレーションできる点にあるからだ。

従来、そうした人たちがコラボレーションをしようとすると、（長編のアニメーション映画作品を作るように）たとえばピラミッド型、ツリー型の組織構造や、各小組織をまとめ上げ、上位組織とのインタフェースとなる中間管理職を大量に配置しなければならなかった。

この中間管理職が増すごとに、意思決定の速度が落ちたり、意思決定にゆがみが生じたりするさまを、我々はすでにたくさん知っている。

だから、今必要なのは、何か自分の中核になる知識・技術を持つとともに、他者とコラボレーションできる能力を獲得しておくことである。

情報機器、情報システムの発達は、確かに個人の能力を拡大させたが、無から有を生み出せるわけではない。パソコンやスマホといったオーグメントデバイス（自己能力拡張機器）があるからといって、全能の人になれるわけではないのだ。

情報機器による個人の強化は、その人がもともと得意だった分野が、さらに強化されたり、それを世界へ発信できるようになる方向へと作用する。

ユーチューバー（YouTuber）が子供の人気職業にランクインしたからといって、みんながYouTuberになれるわけではない。もともと面白さや、発信すべきコンテンツを持っていた一握りの人が、遺憾なくその能力を発揮しているだけである。

では、そうした能力はどうすれば身につくのか？

自分の中核にしたい能力、大げさに言えば、自分の人生の飯のタネとする能力は、人それぞれ違うから、強制することはできない。

プログラミング教育に関する議論の中で、「それ（自分の中核にしたい能力）こそがプログラミング能力です」とやっているセミナーなり、講習なりがまだあるが、それは違う。（狭義の、コードが書けるという意味での）プログラミング能力とは、自分が持っている中核技能、自分が実現したいと願う中核アイデアを、強化したり、形にしたりするための技術であり、専門職であるプログラマとゼロ距離で討論できる知識や技能があるのならば、自分が有している必要すらない。

学校の役割はチュートリアル

自分の核にしたい知識や技能は、自分の人生の中で自分で選び、つかみ取るしかない。そのために、色々なメニューを並べて人生の導入慣熟教育（チュートリアル）をやっているのが、各種の学校だ。

学校教育は実社会で役に立たないという批判が噴出して何世紀も経つが、基本的には役に立つことしか教えていないと思う。

たとえば大学を例にとれば、法学部は法律を教えている。今ほとんどの国は法治国家であり、国や社会は法律をもとに動いている。ならば、法律というルールを、知らない者より知っている者のほうが、色々得ができるのは自明のことだろう。

経済学部はお金にまつわることを教えている。現代社会においてお金がなければ、生きていくことすらままならない。お金に関することを少しでも知って、お金を無駄にしないことを覚えてもよいし、お金のしくみを知っていれば、お金を多く獲得でき、よりよい使い方ができるかもしれない。やはり、ないよりはあるほうが、人生の選択肢を豊かにできるだろう。

文学部は文学、すなわち人に関することを教えている。これだけコミュニケーションの重要性が叫ばれている中で、人の理解が重要であることは論を俟たないだろう。人へのより深い洞察、理解、関わり方の方法論を知れば、コミュニケーション能力の向上という実利だけでなく、困難な時代を生き抜く英知が得られるだろう。

私はよくRPGをプレイする。完遂するのに何十時間、時には百何十時間もかかるゲームの場合、小手先のテクニックよりも、まずはそのゲームの世界観を理解することが大事だ。それを強力に手伝ってくれるのが、ゲーム序盤のチュートリアルである。

ゲーム導入部というのは、ゲームをやりたい気分が最高潮に高まっている一瞬だ。チュートリアルで学ぶのは正直うざったい。そんなものはパスして、早くゲームを始めたいのである。で、私などは、チュートリアルをパスするのだ。そんなもの見なくても、序盤は楽勝である。もともと練習用にぬるく設計されているのだ。「ほら、チュートリアルなんかいらなかったじゃないか」と思う。

しかし、ほどなくすると、チュートリアルをきちんとこなした連中との差が歴然としてくる。経験値の積み方の効率が違う、装備を格上げする速度が違う。最初をケチったがために、実フィールドで遠回りをする羽目になるのだ。

序盤のクライマックスである中ボスなどが現れると、そこで詰む。「ああ、チュートリアルをきちんと体験しておけばよかった」という台詞《せりふ》とともに、もう一度最初からやり直すか、ゲームを放り投げることになる。

笑い話であるし、実際に人に笑われる。「なぜチュートリアルをきちんとやらないのか」と。

しかし、そういう人の中にも、学校というチュートリアルをおろそかにしたために、業務で苦しんでいる人は多いのだ。

もちろん、学校というシステムにも大きな問題点が色々あるが、学校に通える（学習に専念できる）貴重な時期に、チュートリアルから可能な限りのことを吸収しておいたほうがいいと思う。メニューはたくさんあるのだから、その中から自分の好きなものを見つけて、人生の核を作っていけばいい。

文科省もそのことは十分に理解しているのだと思う。だから、2020年から始まる小学校でのプログラミング教育必修化にまつわる文書には、プログラミングテクニックをがりがりと学ぼう、とは書いていない。そうではなくて、プログラミング教育を通じて、論理的思考能力、問題解決能力、創造力を身につけていくのが主目的である。

では、なぜこれらの能力を身につけるのに、プログラミング教育を使うのだろう。既存の教育ではダメなのだろうか。その理由については、5章で議論しよう。

3章　ＩＴ企業が求める能力とは？

世界中の人によいサービスを届けたい。
そのためには自分たちが孤立してはダメだ。

ザッカーバーグ（フェイスブック）

ＩＴ企業とは何か

そもそもＩＴ企業って何だろうか。

パソコン（マイコンとか言っていた時期もあった）が出始めの時代や、メインフレーム（大型コンピュータ）が会社に1台だけあって神棚に飾ってあった時代であればいざしらず、今やどんな企業でも個人商店でも、何らかの形でＩＴ系のテクノロジーが導入されている。

駄菓子にだってＱＲコードが書かれ、個人タクシーにも、後部座席にカメラが向いているドライブレコーダーや電子マネー決済が導入されている。それでも、諸外国からは遅れていると言われているのだ。

その一方で、ＩＴ企業（Information Technology 企業）と呼ばれている組織や、ＳＩｅｒ《エスアイアー》（システムインテグレータ）と呼ばれる、ＩＴの専門家集団と思われている企業の技術者が、「実はプログラムって書いたことないんですよね」という事例はごろごろ転がっている。何だそれ。ＩＴ企業って何なのだ。

この章では、まずＩＴ企業とは何か、というところを出発点にしてみよう。

ＩＴ企業というくらいだから、ＩＴにまつわる仕事をしているわけだが、ほとんどの仕事がＩＴに侵食されている現在、そんな分類ではすべての企業がＩＴ企業になってしまう。

そのため、まず企業（組織）を、ＩＴを提供する側と利用する側に分ける。この提供する側のことをＩＴ企業（開発者）、利用する側の企業をユーザー企業（利用者）と呼ぶことが多い（図４）。

いろいろな分け方があるので、これが絶対というわけではないし、たとえば、開発もしながら、自社で開発したそのシステムを利用している企業もあるが、概ね先の定義のように考えておけば問題ない。

たとえば、情報処理技術者試験という、コンピュータ分野の国家試験でも、この考え方が取り入れられている（図５）。

図５右上の「情報処理技術者」と書かれている区分にある資格が、ＩＴ企業で働くためのスキルを評価するもので、左上の「ＩＴを利活用する者」区分にある資格は、ユーザー企業で働くためのスキルを評価するものだ。

７段階のスキル

ちなみに、この国家試験は、「共通キャリア・スキルフレームワーク」（今後日本が育成す

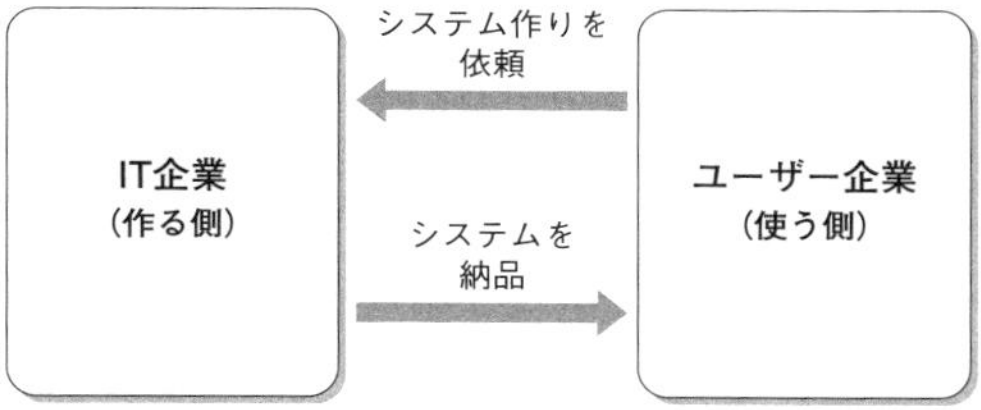

図4

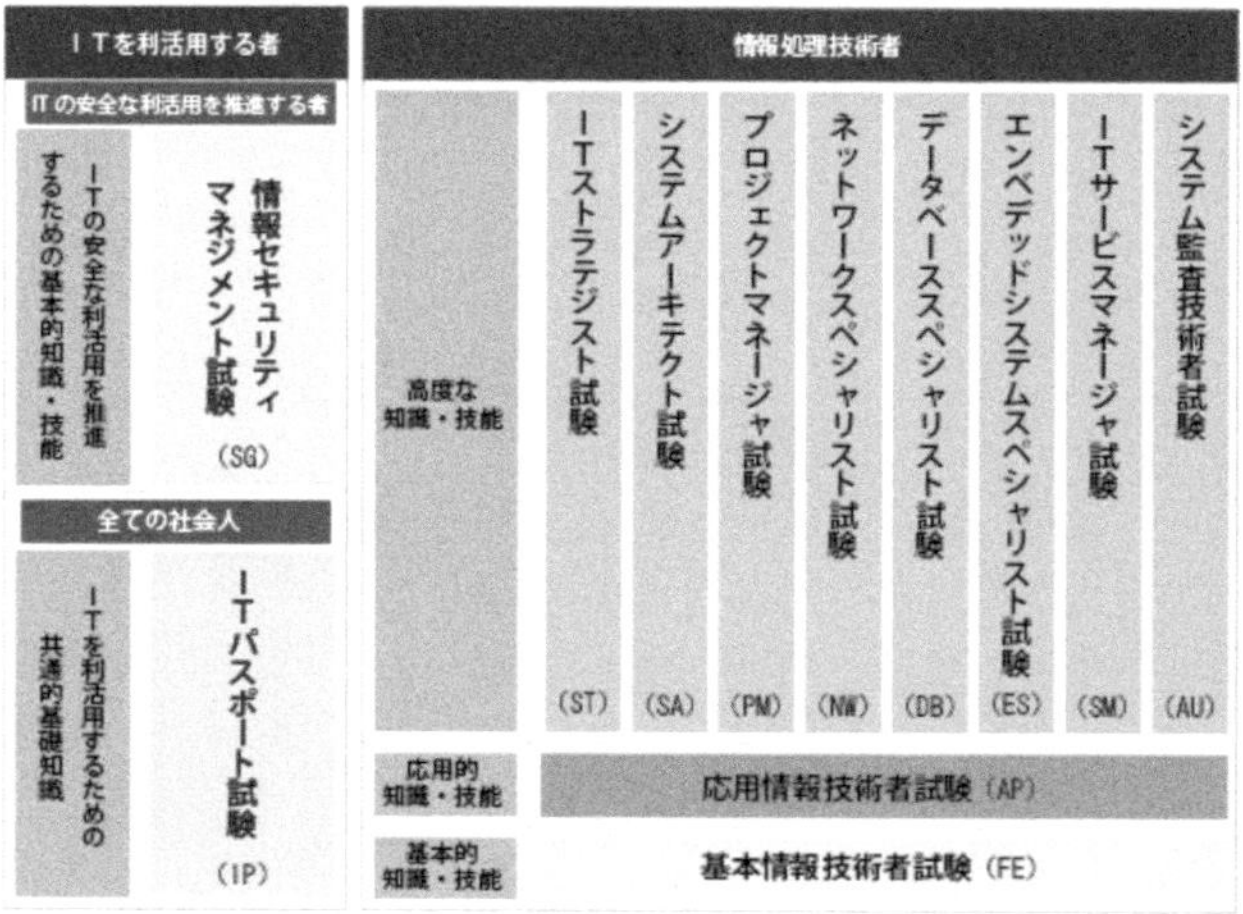

出典　https://www.jitec.ipa.go.jp/1_11seido/seido_gaiyo.html

図5

る高度IT人材にどのようなスキルが必要か、経済産業省がまとめたもの）に紐付けられていて、取得した資格によって、自分が現在どのくらいのスキルを持っているかがわかる仕掛けになっている。

スキルの水準は7段階に区分けされていて、レベル7が一番力量が高い。

レベル1　最低限求められる基礎知識を持つ
レベル2　基本的知識・技能を持つ
レベル3　応用的知識・技能を持つ
レベル4　高度な知識・技能を持つ
レベル5　企業内ハイエンド
レベル6　国内ハイエンド
レベル7　国内ハイエンドかつ世界で通用する

IT企業での業務に合致した資格を例にとると（情報処理技術者）、図5の右下の基本情報技術者試験に合格すればレベル2、その上の応用情報技術者試験でレベル3、さらにその上の高度試験（高度試験は分野ごとに、ネットワークスペシャリスト、プロジェクトマネージャなどに細分化されている。全部まとめて高度試験という）でレベル４と認定してもらえる。

ユーザー企業での業務に合致した資格の場合は（ＩＴを利活用する者）、ＩＴパスポート試験に合格するとレベル１、情報セキュリティマネジメント試験でレベル２の認定だ。レベル５以降になると、極めて高度なスキルを問うことになるので、資格試験でその水準に達したかを判定するのではなく、どんなプロジェクトにどのように貢献したか、後進を育成したか、コミュニティに貢献したか、といった活動で評価を行う。

近年、高校生や大学生がＩＴパスポート試験を受験するよう、内閣府や経済産業省が広報に熱心なのは、社会に出るまでの段階で、最低限のＩＴ系の知識を取得しておいてほしいと願っているからだ。なぜなら、多くの情報漏洩《ろうえい》事故や情報消去事故は、基本的な知識と技能があれば、防止することができたはずだからである。

特にＩＴパスポート試験は、経営学や簿記に関する出題や、プロジェクト管理に関する出題も技術と同等に重視されており、少し前に省庁が流行らせようとした社会人基礎力を問うような試験になっている。

試験センターの担当者の中には、「情報処理技術者試験を英検と同等の規模まで育てたい」という人までいるが、現状では不可能だろう。しかし、さすがにこれだけアピールすると（プレッシャーをかけると）、徐々に浸透はするようで、ポーズかもしれないが、エントリーシートや履歴書に「ＩＴパスポート資格取得の有無を書かせる欄」を設ける企業も増えてきた。

ちなみに行政府がよく言う「高度ＩＴ人材」というのは、レベル４以上の人を指す。レベル４、５が「ハイ」で、レベル６、７が「スーパーハイ」なのだそうだ。

なお、レベル２、３はミドルで、レベル１はエントリだ。

私自身の就職活動はもう遠い昔になってしまったが、レベル３（当時はまだこうした明確な区分けはなかったが、読み替えるとそうなる）の資格を持って就職活動に臨むと、かなり温泉気分な面接ができた。レベル２だと、結構保持者がいるので、それだけではなかなか決め手にならない印象である。今の学生の就活状況を見ても、同じようなことが言えそうだ。

国家試験というのは、国の意思を反映して構成されるので、国家や、そこに影響力を及ぼす企業がどのような人材を欲しがっているのかを読み取るのに向いている。

この節ではＩＴ企業とは何かについて考えているので話を戻す。人材像については後でまた説明しよう。

プレタポルテとオートクチュール

ともあれ、ＩＴ企業というのは、「システムを作る会社」であることがわかった。「システム」というのがまた難解だが、私たちに最も身近なシステムと言えば「アプリ」だろう。「ソフト」と言ってもよい。同じものだ。「応用ソフトウェア」＝「アプリケーションソフトウェア」であり、古くからのコンピュータ屋さんはソフトと省略するのが好きだし、通信屋さんはアプリと省略するのが好きだ。

応用ソフトウェアがあれば、基本ソフトウェアがあるのは当然で、これは「入っていないと、そもそもその機器が動かないようなソフトウェア」のことを指す。スマホであれば、ｉＯＳやアンドロイド、ＰＣであればＷｉｎｄｏｗｓなどが基本ソフトウェアだ。それに対して「アプリ」は、用途や好みに応じて使い分けるものである。

では、アプリを作っている会社だけがＩＴ企業かと言えば、それも違う。アプリというのは多くの場合、不特定多数の人に向けて作られ、パッケージに入れられて量販店の店頭に並んだり、アプリストアで配信販売されたりするものだ。

個人として「システム」に触れる機会は、圧倒的にこうしたコンシューマ向け（一般消費者向け）アプリによるものが多いが、世の中には「業務用システム」というものもあり、ビジネス向けのこちらの開発案件もとても数が多い。

学校を卒業して、「ＩＴ企業に入社する」ことになった場合、後者のＢ to Ｂ事業（Business to Business：ビジネス向け事業）を行っている会社であるケースが多いだろう。誰でも知っている一般消費者向けアプリを作っているＢ to Ｃ事業（Business to Consumer：コンシューマ向け事業）が生業の企業はたくさんあるわけではない。

一般消費者向けのシステムはプレタポルテ（既製服）に、ビジネス向けのシステムはオートクチュール（注文服）にたとえることができる。

一般向けはあまり高い値段にするわけにもいかないし、消費者一人一人に対してシステムをカスタマイズ（最適化）していたら収拾がつかなくなる。ファイナルファンタジーの難易度や、ゼルダの伝説のシナリオを、各消費者の好みに応じて作りかえてくれるなどという話は聞いたことがない。

一方のビジネス向けシステムは、そのシステムを欲しがっている企業にあわせて、オーダーメイド（オートクチュール）で作られることが多い。

近年では、既存の製品を組み合わせて1つのシステムを作り上げたり、ビジネス向けであっても複数の企業に同じ製品を販売することが増えているが、それでもまだ（特に日本においては）オーダーメイドが多いのが実情である。

プレタポルテにしてしまえば、コストカットを実現できるし、たとえば世界的に標準とされているビジネスルールへの適応などがしやすいので、欧米などではビジネス向けシステムのプレタポルテ化がずっと進められてきた。

自社のためだけに作られた製品ではないので、自社の業務手順にあわなかったり、慣れるまで使いにくかったりすることもあるが、それに自社の業務をあわせていくわけである。それによって、世界標準に適合していたり、効率的だったりと考えられている仕事の進め方を導入できるというわけだ。

しかし、日本企業は圧倒的にオーダーメイドを求める。システムを導入することによって、ちょっとでも仕事の進め方や、考え方が変わることを嫌う企業が多いのである。

たとえば、「書類にはハンコを押さねばならない」という業務ルールを金科玉条のように守りたくて、全自動でビジネスプロセスが流れていく標準的な製品を導入せず、1回必ず紙に出力して捺印し、それをスキャナで再度読み取るような（極めて非効率な）システムが、わざわざ多額のお金をかけて発注されたりするのである。

おそらくこれが日本企業の生産性を下げている。こうした慣習・因習にとらわれない、論理的、合理的な思考を持つ人材の育成も、プログラミング教育の重要な目的の一つになるだろう。

ちょっと話が横道にそれたが、こうした日本市場の特性を知っておくことは、日本市場でエンジニアになることを考える場合には重要である。オーダーメイドが主案件になるので、顧客企業とのコミュニケーションはかなり密に発生するのだ。ポイントとして覚えておこう。

IT企業が本当に欲している人材とは?

就職説明会などでは、IT企業を以下の3つに分類して説明することが多い。


【メーカー系】

コンピュータメーカーや情報機器メーカーの子会社だったり、それがバックについていたり、そこから独立したりした企業である。親会社が製造する機器を使ってシステムを組むことを使命としているのは当たり前として、製品の確保や仕事の受注は比較的安定している傾向にある。

【ユーザー系】

本来は利用者（ユーザー）側であった企業のＩＴ部門が独立して、子会社になったり、グループを形成するに至るなどした企業である。たとえば、銀行は大きな勘定系システムを保有しているが、そのシステムに対する技術的な蓄積や知見を、他社にも売っていくことで利益を得るわけだ。親会社からもらえる仕事があることが多く、受注状況は安定するが、仕事の幅は狭くなるかもしれない。

【独立系】

メーカーやユーザーといった親会社を持たず、それらから独立して業務を行っている企業である。親会社の制約に縛られず、最適と思われる製品を選定して製品を組んだり、様々な事業範囲の案件を受注できる強みがある。しかし、後ろ盾がないため、安定した受注を得るためには技術力や営業力、プロジェクト管理能力が求められる。

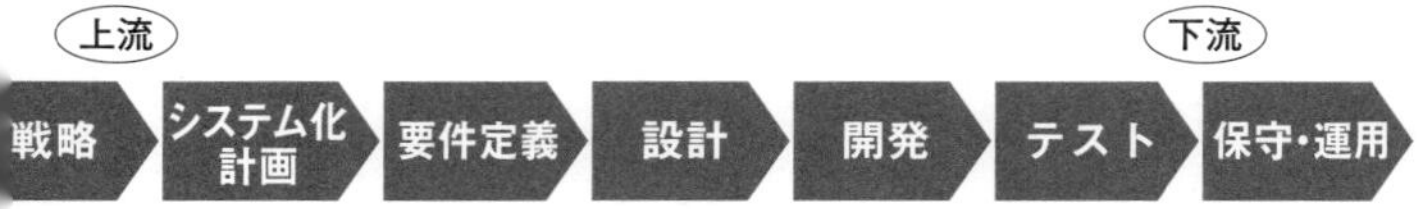

図６

自分が就職を考える場合には、それぞれの利点と欠点を比較考量して、自分の好みに最もあった働き方、あり方の企業を選べばよいと思う。ただ、就職説明会などで連呼されるほどには、働き方の違いはないかもしれない。

むしろ、重要なのは、その企業がシステム開発という長いシナリオのどの工程を担うかだ（図６）。

よくビジネス誌などで見かけるマッキンゼー・アンド・カンパニーやボストン・コンサルティング・グループであれば、戦略工程しか扱わないし、××総合研究所といった企業であれば、設計くらいまではやってくれるだろう。その後の工程も仕事としては受けてくれるだろうが、実際に作業をするのは下請け企業になる可能性が高い。

一方、システムインテグレータ（ＳＩｅｒ）を名乗る企業の場合は、要件定義くらいから仕事を始めて、保守・運用まで付き合ってくれるところが多い。ＩＢＭやアクセンチュアであれば、全行程やるだろう。

上流工程の偏重

ただ、いずれにせよ、上流工程に時間単価の高い要員を配置し、下流工程に時間単価の低い要員が配置される傾向があるので、下流工程にいくほど「著名な会社に仕事を頼んだつもりだったが、配置されている要員は関連企業だ」という確率は高くなる。

断っておくが、上流工程の仕事が大事で、下流工程の仕事はどうでもいいとか、そういう意味ではない。だって、システムなど動かしてナンボなのである。システムを動かす工程は「運用」なのだから、ここは決定的に重要だ。

機密情報が漏れるのも、顧客情報が横流しされるのも運用工程である。ないがしろにしていい部分ではない。各種のガイドライン類にも、下流工程の大事さが繰り返し謳われている。しかし、謳われているということは、それが大して実現されていないことを意味する。

仕事に貴賤はないのだが、上流工程に優秀な人材が配置されがちだし、それを望む技術者も多い。なぜなら、上流工程の、たとえば戦略の部分を間違えてシステム化を計画したり、それに基づいてシステムを設計・開発してしまうと、テストや運用の部分でいくら頑張っても取り返しがつかないからだ。

また、上流工程で間違った設計をしてしまうと、下流工程の仕事がしにくくなり、担当技術者が優秀でも操作ミスが多発して、情報漏洩が生じるような事態も考えられる。

たとえば、総額で30億円以上のお金を投じながら、最初の2年間で133件しか使われなかった「パスポート電子申請システム」などは、やはり上流工程での失敗例と言わざるを得ないだろう。この失敗が、現場で奮闘するテスト担当者や運用担当者の努力で何とかなった(利用者が増えた)とはまったく考えられない。

どんなシステムもそうだが、「こんなもの、本当にいるのか?」といった戦略や現状分析の部分を間違えると、後の工程の人がどんなに頑張っても、どうにもならないのだ。

だから、企業をはじめとする組織は、上流工程に優秀な人員を多く配置したがるし、手当も手厚くする。それがわかっているから、技術者側も上流工程に行きたがるというスパイラルが働く。

データサイエンティストとAI

近年人気の職種で、『ハーバード・ビジネス・レビュー』が「21世紀で最もセクシーな職業」などと取り上げた「データサイエンティスト」も、この上流工程に位置する人材である。

現代はデータ駆動社会とも呼ばれ、データの分析技術が長足の進歩を遂げている。大量のサービスやセンサーから得られたビッグデータを解析すれば、情報システムが専門家以上の働きをしたり、顧客の行動予測をすることなどが可能になりつつある。データを持っているかどうか、データを分析できるかどうかが、国家や企業の将来を左右する。このデータ分析を生業とするのがデータサイエンティストである。

「最近はそれをＡＩがやるらしいではないか」と見る向きもあるだろうが、深層学習（ディープラーニングとも言う。機械学習の一種で、近年圧倒的な成果を挙げている。オバマの嘘演説を作るくらいは朝飯前）などの技術がすべてを解決してくれるわけではない。

ビッグデータなどと総称されるデータは、概ね綺麗に成形されてはおらず、互いに矛盾して、そのままでは比較の対象にすらならない。学習させるだけでさえ、それを整え、学習可能な形にする膨大な前処理が必要になる。ＡＩによってデータの分析が全自動で流れていくようなイメージは、未だ実現していない。

また、ＡＩは既存のデータからしか学べない。チェスや将棋も、プロの棋譜《きふ》があったから、それをお手本に急速に棋力を向上させることができた。だが、お手本と同じ水準に達してしまうと、学ぶべきデータを自分で作らねばならなくなる。

ＡＩによる自動運転は、既存の運転データによって進歩したが、「既存の運転データ」の中には、鹿の大群が急に目の前を横切ったり、テロリストが銃撃をしてくるようなデータはおそらくほとんど含まれていない。既存データからの学びだけでは、こうした事態に対処できる自動運転用ＡＩは作れないだろう。しかし、現実に自動運転車を普及させるなら、そうした状況にすら対応する必要がある。そのためのデータを作るのも、データサイエンティストの重要な仕事である。

他にも、アマゾンの就職希望者評価システムが、技術職において男性の希望者を高評価する傾向を持つことがわかり、廃止された事件などがある。ＡＩに女性差別の思想があるわけではないが、技術者にはもともと男性志望者が多く、それが選考を突破して採用される割合にも反映されている。そのデータから学んだＡＩが、男性を優遇するバイアスを持ってしまったのである。

ＡＩの活用が期待される遺伝子治療だって、現在分析され、蓄積が進んでいる遺伝子データは、圧倒的に白人のものである。それをもとによい知見が導かれたからといって、他の人種にも有効かは別の手段で検証しなければわからない。

人間的な差別や偏見から離れて、公平であるように考えられているＡＩも、何から学ぶかによって、このような偏向をすぐに持ってしまうのである。それを監視する役割も、データサイエンティストは担っている。

ＡＩは便利なツールだが、「それに任せておけば安全」なシステムではまったくない。高度なことが、かなり自動的にできるしくみだからこそ、それを検証する必要があるのだ。ＡＩに限らずとも、社会のインフラになるようなシステムのブラックボックス化は、とても危険な事態であり、それを防ぐためには、情報リテラシと情報への関心が高い人材を育成し続けるしかない。

「上流工程偏重」にならざるを得ない

話を業務の工程へと戻そう。

上流工程においては、すでに出来上がったシステムを堅実に間違いなく稼働させることが主目的になりがちな下流工程の仕事に対して、顧客と議論し、戦略を定め、目標を決め、設計し、期日までに開発を行っていくのが仕事である。上流工程のほうが、フェスティバルのように楽しめる技術者が多いのだ。

もちろん、下流工程で落ち着いて仕事をしたい優秀な技術者もいるし、フェスティバルであるがゆえ、期限が切られた上流工程の仕事がブラック化し、疲弊していく技術者もいるが、全体の傾向としては先に述べた通りである。

また、業務の単価の問題もある。上流工程は、全体の方針を決めるという取り返しのつかない工程であるため、そこに従事する技術者の時間単価が高いことは先に述べた。

「いや、そこさえ我慢すればいいんでしょ？　自分は下流工程の仕事（たとえば、プログラミングそのものや、テスト）が大好きなので、ちょっと給料が低くても受け入れるよ、その仕事がしたいな」と考える人がいたとしても（実際に、結構な数で存在する）、上司はあまりその考えを受け入れてくれない。

私自身、まったく実感はわかないが、日本人を雇うための給料は高い。アジア諸国に逆転されている実例が目立つようになってはきたが、それでも今でも高め安定の水準にある。

企業としては、そのような時間単価の高い人に、プログラミングやテスト、保守・運用をされていては、割にあわないのである。

システム業務の全体像を把握していたほうがいいに越したことはないので、新人研修の一環として、こうした現場を体験させる企業はある。でも、ずっとそれに従事し続けてほしいと考えているわけではない。

もちろん、私は極端なことを言っている。すべての企業をこうした鋳型《いがた》にはめ込めるはずはないし、下流工程を生業にしている企業もある。

しかし、多くの企業にとって、下流工程はオフショアによって業務水準を維持したままコストカットできたり、それこそＲＰＡ（Robotic Process Automation：ＡＩ等の活用によるホワイトカラー業務自動化。Digital Labor とも言う）によって自動化できそうな部分なのだ（近年は、上流工程こそＡＩに向いているぞ、という議論もあるが、それは本書の範囲を離れる）。

だから、ＩＴ企業（特に孫請け、曽孫請けでない、立場の強い企業）は、自社要員に上流工程を担わせたいと考えている。

真に優秀でモチベーションの高い技術者を上流工程で優遇し、そこにリソースが傾斜配分され、あまつさえ下流工程は別の国にオフショアしたり、それこそ仮想知的労働者（Digital Labor）に任せてしまうことで、知識や技術の分断が起こり、会社の業務の全体像がわからなくなるのではないかという懸念、あるいは、すでにそういう事態が生じていて、老朽化した自社システムなどの置き換えすらままならないのではないか、という問題点も指摘されている。

しかし、コスト構造としては、この「上流工程偏重」はそうならざるを得ないし、今後もこの傾向は加速することはあっても、元に戻ることはないだろう。

上流工程で必要な能力

グローバル化、ボーダレス化する社会、つまり、どの国のどの階層の労働者とも競争しなければならない環境において、生き残っていく力を養うのであれば、少なくとも今のところは上流工程で必要とされる能力にフォーカスして、習得する知識や技術を選ぶしかない。たとえ、そこもいずれＡＩやＲＰＡに侵食される領域だとしてもだ。

上流工程で必要とされる能力と、下流工程で必要とされる能力はかなり異なる。したがって、今後せっかく情報教育に注力していくのであれば、なるべく上流工程を多くカバーする教育メニューを選択すべきだと思うのだ。

この書籍は、プログラミング教育について解説する本で、手に取ってくださるのは、おそらく受験期か前受験期のお子さんを持つ親御さんが主だと思う。

私も人の親だが、我が子の人生の選択肢は広くあってほしいと思う反面、望んで時間単価の低い仕事や、将来なくなっていきそうな仕事、工程別の力関係でも弱いほうに位置する仕事に就かせたい方はいないと思う。

私自身、学生が（ＩＴ系に限らず）時間単価や社会的評価の低い職業や職種を志望すると、つい（余計なお世話なのはわかりきっていても）「学生のうちはあまり気にならないけど、ある程度の年齢になると収入や他者評価が気になる瞬間が来るかもしれないから、よく考えたほうがいい」などと、偉そうなアドバイスをしてしまう。これと同じことだと思うのだ。

だから、これから文科省がプログラミング教育の名の下に、彼らが第四次産業革命と呼ぶもの、情報社会、デジタルサハラ（情報技術が世を覆いつくし、身を隠す場所がない環境）で生き残る力を醸成するカリキュラムを推進していくのであれば、その実態は上流工程での仕事を全うできるように構築されたものであってほしい。

そして、上流工程で必要な能力とは、論理的思考能力、問題解決能力、プロジェクトマネジメント能力、コミュニケーション能力である。

「ＩＴ力」がなければ生き残れない

私が今回のプログラミング教育必修化を、やや複雑な感情を交えながらも支持するのは、まさにこの点に関してである。

今度は、未来の学びコンソーシアムの言い分を見てみよう。未来の学びコンソーシアムは、文科省、総務省、経産省が音頭を取って、学校、自治体、民間企業などを巻き込む形で作られた団体である。

通常、この三者（文科省、総務省、経産省）が教育分野で表立って協力することは珍しい。たとえば、文科省はプログラミング教育を推進するために、独自のプログラミング環境「プログラミン」（143ページ参照）を開発したが、普及させられずに事実上の失敗に終わっている。

さらには団体の中に、学校、自治体、教育系・IT系の民間企業と、各種のステークホルダーを取り込み、「立ち上げただけで終わりがち」なこの種の団体にしては、かなり積極的な情報発信を継続している点で異例と言える。

たとえば、プログラミング教育で先行・成功している学校の事例紹介は、どんなコンソーシアムでもやりそうなことだが、かなり具体的な水準にまで踏み込んで、「こういう教育をするんだ」ということを発信しようとしている。

そして、国の競争力を左右するのは、「ITの力」であると明言し、欧州では労働市場にアプローチするために（それがどのような職業であっても）ITスキルが必須と考えられていること、ボーダレス化が進み、外国人労働者がこうしたスキルを持って日本の労働市場に流入してくること、また日本人も否応なく国際社会に出て行かなければならないことを力説している。

そして、こうした環境下において、子供の頃から「ＩＴ力」（この表現はどうかと思うが。「社会人基礎力」みたいに恥ずかしい言葉になる気がする）を養っておかないと、激烈な競争で勝ち残れないと、かなり危機感を持って状況を認識し、協力を訴えていることがわかる。

実際のところは、危機的状況はさらに深刻で、その「ＩＴ力」がなければ、勝ち残るのではなくて生き残るのが難しいと思う。ただ、お役所発祥組織の作文としては頑張ったほうだ。

「プログラミング的思考」を身につける

未来の学びコンソーシアムも（文科省が噛んでいるので、当然と言えば当然だが）、小学校におけるプログラミング教育の狙いを、

・プログラミング的思考を育むこと

・プログラムの動きやよさ、情報社会がコンピュータ等の情報技術によって支えられていることなどに気付き、コンピュータ等を活用して身近な問題を解決したり、よりよい社

会を築いたりしようとする態度を育むこと
・各教科等での学びをより確実なものとすること

としていて、教育の目的がプログラミング技術ではなく、「プログラミング的思考」を身につけることだと明言している。ここを着地点にしてくれて、本当によかったと思う。

これまでにも、幾度も議論してきたように、プログラミング技術は万人に必要なスキルではない。

プログラミング的思考とは、文科省によれば「自分が意図する一連の活動を実現するために、どのような動きの組合せが必要であり、一つ一つの動きに対応した記号を、どのように組み合わせたらいいのか、記号の組合せをどのように改善していけば、より意図した活動に近づくのか、といったことを論理的に考えていく力」である。

これは、プログラミング技術を念頭に置いてはいるが、必須ではない。前記の表現をもう少しかみ砕き、実務に即して拡張するならば、

「自分1人の力では解決しきれないと思える大きな問題を、小さな問題へと分解し、それでも解決できないようであれば、さらに小さな問題へと分解していける力。解決可能な水準に

なった問題を解決するための方法を考え、しかもその方法を具体的な解決策へと導ける力。具体的な解決策は、必ずしも1人で作る必要はないが、多くの人が作ったそれをどう組み合わせれば、最初に設定されていた大きな問題を解決できるのかを考えられる力。協力してくれる人（必ずしも協力的でない人でもいい）に何をしてほしいのかを適切に伝え、彼女ら／彼らが提供する解決策をまとめあげる力」

と言い換えることができる。

これをキーワードに置き換えると、論理的思考能力、問題解決能力、プロジェクトマネジメント能力、コミュニケーション能力ということになる。

論理的思考能力

プログラミングを行う場合、それが本当にプログラミング環境を伴うものであれ、コンピュータを使わない学習方法（アンプラグド）を採用するのであれ、論理的思考能力は必須になる。コンピュータは論理機械であり、論理が破綻していれば動いてくれない。学校の先生のように、発言や行動の行間をすくい取ってやさしく解釈してくれたりはしない。

もちろん、動かないコンピュータを前にして子供を途方に暮れさせてしまっては元も子もなく、特に初学者の段階では適切なサポートが必要になるが、プログラミング教育が論理的な思考を育むことは確かである。

問題解決能力

プログラミングはもともと問題を解決するために行う。「ゲームをするので、作りたい」でも「素因数分解が面倒なので、計算させたい」でも、はじめに問題設定がある。プログラムが完成し動く、とはその問題が解決することを意味する（もちろん、現実にはそんなに簡単なものではなく、プログラムが動いても思った通りに問題が解決しなかったり、作ったプログラム自体が新たな問題を生み出しもするが）。

一般的に、問題の設定と問題の解決の間には懸隔《けんかく》が生じるが、プログラミングの活動はその距離が近い。プログラムを書くという行為自体が、問題解決のプロセスだからだ。

授業で問題発見や問題解決を取り扱うと、どうしても発見しただけ、ある事例を解決しただけ、で終わってしまい、両者が結びつかないことが多いが、プログラミング教育ではこの2点間を架橋しやすい。自分が設定した問題を具体的に解決した、という満足感、充足感、達成感も得やすい。

プロジェクトマネジメント能力

プロジェクトマネジメント能力も、プログラミングをしていれば自然に体験することになる。

最も卑近なところでは、プログラム本体と、そこで使う画像や音楽のファイルをどこにどう保存しておけば、間違えにくいか、忘れないか、わかりやすいか。増えてきたファイルに対して、どんな名前付けルールを決めれば混乱しないかといった1人プロジェクトから始めて、少し大きなプログラムを書くのであれば、チームを作り、チーム間の役割分担やスケジュールの考え方、各人の貢献と評価の方法などを決め、管理していかなければ、成果物としてのプログラムは完成しない。

コミュニケーション能力

そして、コミュニケーション能力。ここについては、詳細な説明が必要だろう。なぜなら、一般的にコンピューティング能力とコミュニケーション能力は相反する関係として捉えられているからだ。

確かに、プログラミングに打ち込んで、脇目も振らずに10時間もコードを書いている様子は、コミュニケーションを拒否している姿そのものに見える。

しかし、私は敢えて、プログラミングとはコミュニケーションであると言いたい。

それには、「大規模プログラミングを行うためにはチームが必要であり、チーム運営にはコミュニケーション能力が必須」といった表層的な言い分も含まれるのだが、プログラミングという作業そのものが、コンピュータという、背景や考え方、嗜好、言葉、信条の異なる相手との意思疎通の試みそのものだからだ。

これは、多様性が叫ばれる社会において、人種、国家、思想、信条、教育、文化、言語が異なる相手と意思疎通しなければならないときのシミュレーションたり得る。

プログラミングをしていれば、「どうして思った通りに動いてくれないんだ」と地団駄を踏みたくなる場面に必ず出くわす。むしろ、その繰り返しがプログラミングだと言ってもよい。でも、相手にわかるようにかみ砕いたり、言い回しを変えたりして、こちらの意思を伝えるしかないのである。そうした「違う相手」を受容し、理解し、働きかける経験の貴重さは、対人でも対コンピュータでも変わらない。

むしろ、対人でこの練習を行うのは、大きなコストがかかる（留学や国際ハッカソンなど。

ハッカソンとは異なる能力を持つ人員がチームを組んで、問題解決に没頭するイベントである）が、コンピュータを相手にプログラミングをしていれば、日常的に同種の体験を積むことになる。もちろんそれが、対人コミュニケーションを完全に代替するとまで言うつもりはないが、何もしないよりはずっといい。

コミュ力偏重社会の罠

現在は、コミュニケーション能力という、他者依存的な能力が極めて偏重されている一時代である。理由はいくつもあるが、個人主義が浸透し、多様性が受容されていく中で、個々人が同じ価値観を共有することが極めて困難になった点が大きいだろう。これには、インターネットの構造変化も大きく影響している。

たとえば、インターネット上のゲイテッドコミュニティ（欧米などで見られる住民以外立ち入り・通過お断りの場所。日本でも大規模マンションなどは、いくら公開緑地などがあっても、事実上のゲイテッドコミュニティになっていることがある）であるＳＮＳが作るフィルターバブル（同質の人ばかりで形作られる空間。だからＳＮＳは気持ちがよく、つい滞留時間が増え、広告への接触や購買が増える）の中にいれば、同じ価値観を共有する人とだけ接することも可能である。しかし、私たちはまだ現実の世界でも生きていかなければならない。

一昔前であれば、十分に挨拶として機能した「ご結婚はまだですか」の声かけは、現在では十分以上にパワハラでありセクハラである。他者とのコミュニケーションは、人文科学、社会科学の知見を総動員しなければすぐに炎上してしまう、大きなリスクをはらんだ極めて高コストな行為になった。

そもそもコミュニケーションの成否は、相手との相性にも大きく依存する。しかし、現実の業務ではコミュニケーションの失敗は許されず、常に安定したコミュ力を求められる。そんなもの求められても困るのだ。だって、コミュ力を数値化して公正・公平に評価することすら、困難なのだから。

ただ、コミュ力というのは、必ずしも人前で立て板に水でプレゼンができることだけではない。そう勘違いしている学生も多い（というか、むしろ主流派）が、相手に共感できる能力や相手の意図を汲み取る能力、相手の能力を引き出してあげる能力も、広義のコミュニケーション能力だと思うし、むしろこの種の能力が求められる場面が増加している。

授業で、たとえほとんど発言しない引っ込み思案の子でも、ちょっと集中してほしいなと思ったときにこちらの目を見てくれたり、ここは超重要なことを話しているぞと意識しているときに頷いてくれたりすると、この子はコミュニケーション能力が高いなと思う。会社の会議でも、ちゃんと会議の目的と意図を汲み取れる人になるだろう。

立て板に水系のプレゼン大好き学生も悪くないのだが、（あくまで平均すれば）自分の話に酔っていて、人の話を聞かない傾向があるので、実務で大丈夫かなとちょっと危惧するときがある。まあ、適材適所があって、人の話を聞かない声の大きい人というのは、会社の中でぴったりはまるピースがあるので、それはそれで重宝されるのだが、あれを本当にコミュニケーションと呼んでよいのかは、ずっと疑問を持っている。

プログラミングは異文化コミュニケーション

そして、おかしなことに、一般的にコミュニケーション能力を減退させると考えられているプログラミングの勉強は（だって、コンピュータとばかり向かい合っているし、人と会わないし、ぶつぶつ独り言を言い始めたりするし）、この広義のコミュニケーション能力を育むのには意外に向いていると、私はずっと前から考えていた。

改めて繰り返すが、プログラミングとは、異文化とのコミュニケーションなのだ。

コンピュータと人間とでは、数の数え方からして違う。コンピュータは回路に電流が流れているかいないかでものを判断するから、2をひとかたまりにするのが得意だ。だから2で桁上がりする2進数を使うのである。

いっぽうの人間は、長年使い続けた数を数えるためのツール（指）が10本あるので、10をひとまとまりにするのが都合がよいと考える人が多い。だから10で桁上がりする10進数が好まれ、定着するのである。

このように、数の数え方一つとっても、コンピュータと人間では立脚する基盤が、文化が違う。文化の違う人（コンピュータ）に対して、複雑な指示命令を与えるというのは、本当に本当に本当に骨が折れるものなのだ。

苦労して書き上げた指示命令書（プログラム）を実行してみると、「そこをそう解釈してしまうんかい！」と絶叫したくなるような無残な結果を招くこともある、というかむしろそんなことばかりだ。

私は、プログラミングとは、立派に異文化交流として機能すると思う。考え方も、得意なことも、苦手なことも、数の数え方、文字の表現の方法すら違う相手（コンピュータ）に対して、呻吟しながら何とかやりたいことを伝える。

そんな苦労を（もちろん、その苦労の意味を理解して勉強し続けた場合に限るが）何年間か経験して形作られたプログラミング能力が、これから加速するであろう、異なるバックラウンド、異なる考え方、異なる慣習、異なる宗教を持つ人と仕事をするときに、役に立たないわけがないではないか。

プログラムを作っていれば、異なる国の人にとって使いやすいデザイン、目の見えない人にとって操作しやすいデザイン、耳の聞こえない人にとってわかりやすいデザインを考えないわけにはいかない。

プログラミングとは、常に自分とは違う他者について考え続ける作業なのである。

コンピュータは失敗を許容してくれる

そして、論理的思考能力にしろ、問題解決能力にしろ、プロジェクトマネジメント能力にしろ、コミュニケーション能力にしろ、プログラミング教育を通じて育む利点は、「コンピュータは飽きたり、怒り出したりしないこと」である。いくらでも試行錯誤ができる。

現代では、社会のみならず、教育の現場でも、失敗を極端に嫌う。子供たちも失敗をしたがらない。成功体験を積み重ねて、効率のよい勉強をしたいと考えている。失敗は恥ずかしいこと、丸々無駄であることという意識が浸透している。

だから、新しい形の教育として、アクティブラーニング（児童・生徒・学生が能動的に関わるよう設計された授業）やＰＢＬ（Project-based learning：プロジェクト型の授業、もしくはProblem-based learning：問題解決型の授業）が導入されても、よほど意識・能力の高い学生が対象でないと機能しないことが多い。

「積極的に手を動かして、考えてみよう、行動してみよう」と呼びかけても、手を動かさないのである。最低限、先生に怒られない程度に、何かをやっているように見せて、先生が「正解」を示すまで待っているのが、彼女ら／彼らの最適化行動だからだ。

プログラミングであれば、「失敗」のハードルは、なくなりはしないが、やや下がる。少なくとも、コンピュータは笑わない。何度もコンパイルエラー（ソースコードを実行ファイルへと翻訳する際に、「文法が違う」などと指摘されること。あまり出くわしたくない事態だが、頻繁に起こる）を発生させるのを無駄に感じる子供たちはいるだろうが、羞恥心が原因で、試行錯誤を投げ出すことは抑制できる。

良質なスキルの獲得に、適切な失敗の経験は必須だと考える。その機会が増やせる、という1点を取り上げても、プログラミング教育を導入する価値があると思うのだ。

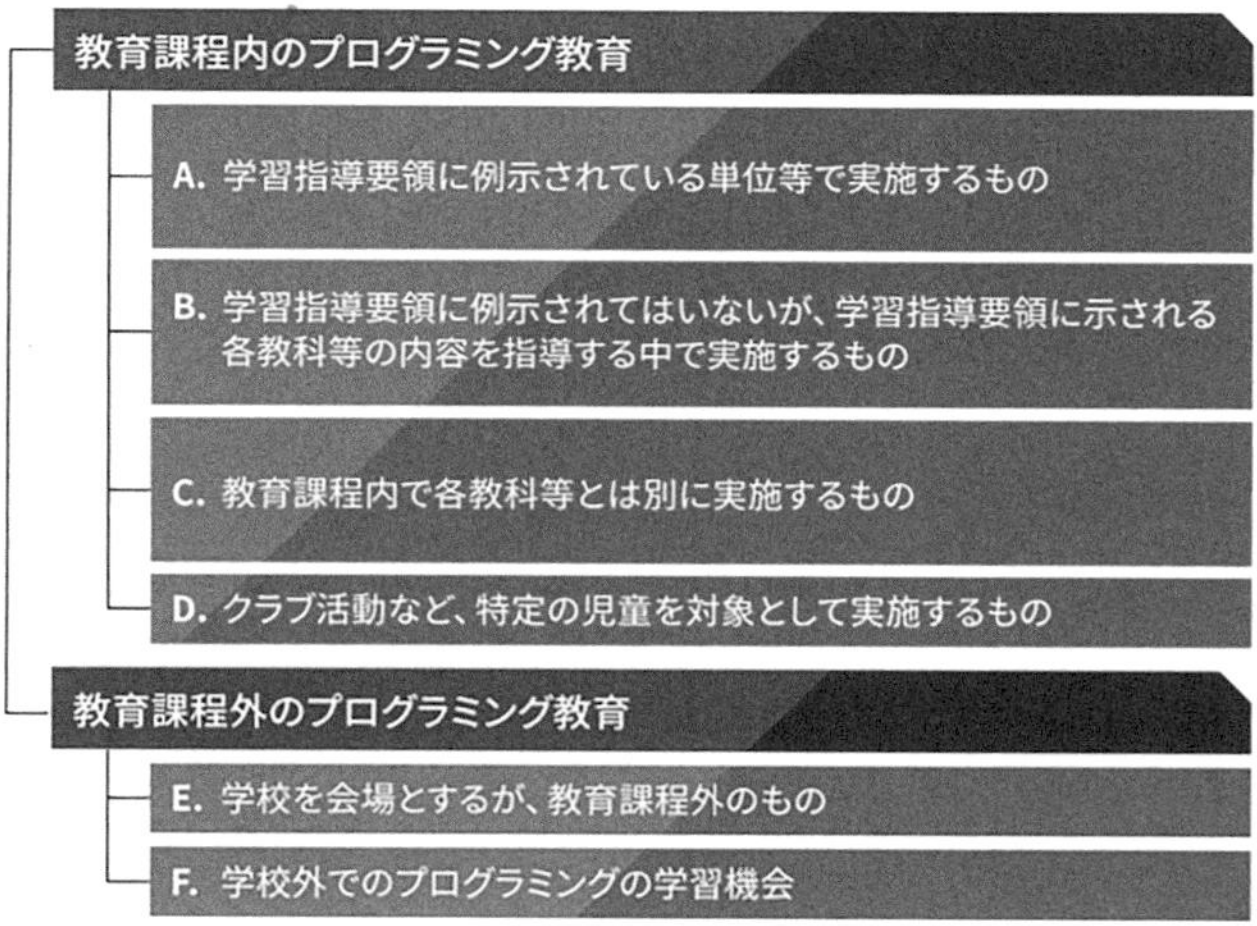
教育課程内のプログラミング教育
A. 学習指導要領に例示されている単位等で実施するもの
B. 学習指導要領に例示されてはいないが、学習指導要領に示される各教科等の内容を指導する中で実施するもの
C. 教育課程内で各教科等とは別に実施するもの
D. クラブ活動など、特定の児童を対象として実施するもの
教育課程外のプログラミング教育
E. 学校を会場とするが、教育課程外のもの
F. 学校外でのプログラミングの学習機会

図７
出典　https://miraino-manabi.jp/assets/data/info/miraino-manabi_leaflet_2018.pdf

教える側の問題

　図７をご覧いただきたい。これは、未来の学びコンソーシアムが作成した「小学校プログラミング教育必修化に向けて」というパンフレットに掲載されている図である。プログラミング教育において、図中のＡ・Ｂにあるように、プログラミングという単独の科目を立てず、既存の各教科に溶け込ませる方針が示されているが、これにも賛成である。

　ＩＴだけを切り取って教育すると、保護者や子供たちに、それが実際の生活の何の役に立つの？　という疑問を抱かせ、学習意欲の減退につながりかねないからだ。

このような取り組みを行うには先生の手腕が必要である。しかし、少子化に伴い、大学の教職課程の設置すら困難になっている状況で、図7のA〜Cといった新しい学びに対応できる先生をどのくらい輩出していけるかには疑問符がつく。

確かに、プログラミング教育必修化へ向けて外堀を埋める作業――規程類や関連ドキュメント、ベストプラクティス（モデルになり得る授業方法）、民間企業の活力活用、教材などの整備――はかなり進捗している。

しかしその中で、教員の再教育や、新しい学びに対応するための教育学部、教職課程の改革の話は、あまり聞こえてこないのだ。ここは大きな不安点である。

かつて高校に「情報」の授業が導入されたときに一部で見られたように、教員が授業を持て余し、結局ネットサーフィンをしたり、表層的なアプリケーションの使い方を指導してお茶を濁すような運用をすれば、せっかくの理念が台無しである。

たとえば、私の本務校では2019年に情報系の新学部を設置するが、教職課程は置かなかった。そもそも、子供の数が減っていく中で、教職課程の設置が厳密化され、設置しにくい事情もあるが、何より大きいのは学部の性質上、取得できるのは「情報」の教員免許であり、情報の教員免許だけでは食えない（就職できない）ことがわかりきっているからだ。食えない免許を学生に取らせて、社会に送り出すことは避けなければならない。

これだけ情報重視や、「ＩＴ力」が叫ばれている世の中で、それらの知識を次世代に伝えていくことを担う小・中・高の情報担当教員の冷遇は、ちょっと異様である。

日本のＩＴ人材不足

別に学校批判をしたいわけではない。高校が、直接の受験対象となる上位学校の受験科目にない「情報」を重視するのは、進学実績や保護者からの突き上げを考慮すれば、とても難しい。徐々に軽視されていくのは、ある意味で当然なのである。

近年の教育機関の台所事情を考えれば、すでに設置されている教科の先生の兼任や非常勤の先生を充当することで運営するのが、最も経済合理性がある。だが、それではなかなか腰を据えた情報教育はできない。

では、大学が「情報」を受験科目にすればよいのだろうか。実際、そういう思いはあるし、動き始めている大学もある。しかし、従来コスト意識の甘い組織だった大学でさえも強烈なコスト圧縮圧力にさらされ、業務従事者１人あたりの業務量は増えている。そういう状況の

プログラミングを通して、正多角形の意味を基に正多角形をかく場面（算数 第5学年）

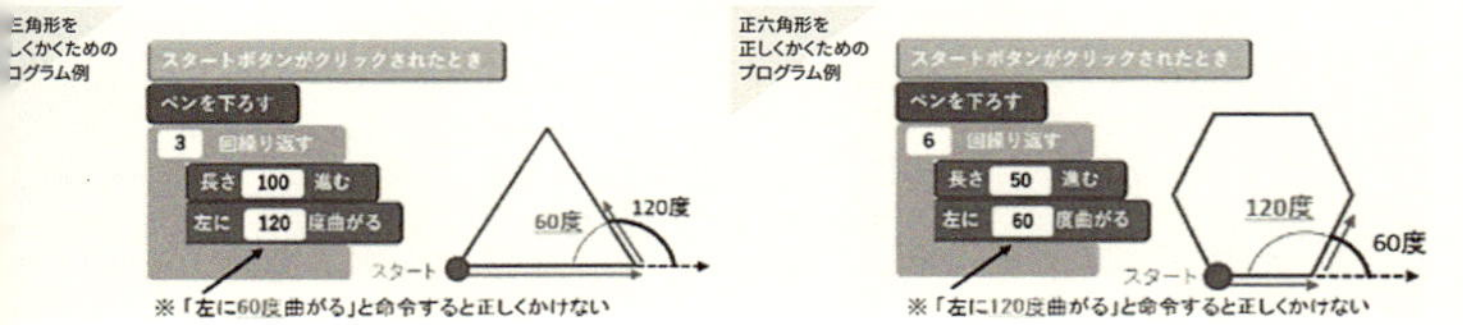

8

中で、多くの大学が自らの意思で「情報」を受験科目に採用していくことは考えにくい。

経済産業省は、２０２０年までに先端ＩＴ人材が４・８万人、情報セキュリティ人材が19・３万人不足するとソロバンを弾いている。

また、１～７の７段階で表されるＩＴスキル標準（88ページ参照）の国別比較でも、ＩＴ関連業務従業者のスキルの平均値がレベル４に達している米国（４・05）、レベル３の後半に位置するインド（３・90）、中国（３・58）に対して、日本の平均値はレベル３の前半（３・17）であり、ＩＴスキルが劣っているのは明らかである（経済産業省調べ、２０１６年）。

もし、この問題に本気で取り組むのならば、国を挙げてプログラミングや「情報」を主要科目化していくくらいの施策が必要だろう。

図8は、未来の学びコンソーシアムが配布する資料「小学校プログラミング教育必修化に向けて」で紹介されている模範的事例である。資料の中ではさらっと言及されているが、こうした教材を作り込み、

実践し、フィードバックして教材を改善するサイクルの確立と運用は、本当に骨が折れる。

もし、言葉通りに、プログラミング教育を通じてのプログラミング思考を育むことが、国策級に大事なことであると捉えているならば、「情報」の教員免許を取得しようとする学生が引きも切らないような状況を構築することが急務である。

民間企業への丸投げは情報格差を助長する

最も恐ろしいシナリオは、先に示した図7の「教育課程外のプログラミング教育」で紹介されているＥとＦ、すなわち「学校を会場とするが、教育課程外のもの」「学校外でのプログラミングの学習機会」が偏重されることである。

行政はすでに、民間企業の活用を謳っている。民間活力の利用自体は是非推進するべきだが、もしも民間に丸投げしようとするのであれば、話は違う。

プログラミング教育は既存教科以上に費用がかかる。まして、先進的な情報機器やアプリケーションの導入によって、目に見える形で他社との差別化を表現しやすい授業内容である。

その差別化のための費用は、当然授業料に上積みされる。民間教育機関におけるプログラミングの学習機会の多寡は、保護者の所得によって大きく左右されることになるだろう。

プログラミング教育必修化は、多くの人が幸せになるため、力を発揮するための施策であって、格差を助長するためのものではない。私たちは、このカリキュラムが導入されることによって新たなデジタルデバイド（情報格差：ITスキルの多寡は収入や社会的地位に影響を与える。それ自体はやむを得ないとしても、親の所得や生まれた地域、国によって、予め情報格差が発生することは避けなければならない）が発生していないか、常に検証していく必要があるだろう。

そして、できれば大きな変更を伴わず、長く維持できる制度にしていかなければならない。「ゆとり教育」の取り扱い――詰め込み教育を是正し、生きる力を増大させる目的で鳴り物入りで導入された「ゆとり教育」だが、それが原因で学力が低下した（とされる）との批判を受け、まるでこの教育を受けた世代が失敗した世代であるかのように言われたこと――が記憶に新しいが、教育は本当に人の人生の基盤を作る重要な行為である。その教育課程を修めた者が、本人たちには何の責がないにもかかわらず、まるで失敗した世代のように認識されてしまう事態を起こしてはいけない。

そうした状況に対しては、リカレント教育（教育と就労を交互に繰り返す学び方）をはじめ、生涯教育などで改めていけばいいという意見もあるが、人生の早期に行われる教育には、図らずも出会ってしまった一生に一度の恋のような刷り込み効果があり、その後どんな恋で上書きしようとしても上手くいかないことがある。教育内容を変革し続けることは非常に重要だが、旧カリキュラム下で教育を受けた人が不利にならない制度を作ることが、より大事だ。

きちんと制度を作り、運用することができれば、先に述べたような企業が求める能力、社会が求める能力としての、論理的思考能力、問題解決能力、プロジェクトマネジメント能力、コミュニケーション能力を育むための大きな武器として、プログラミング教育を機能させられるだろう。

4章　プログラミング教育の実際

デザインとは、見かけではない。どうやって動作するかだ。

ジョブズ（アップル）

教員にかかる負担とプレッシャー

実際に、教育の現場で、どのような「プログラミング教育」が行われているのかを見ていこう。

ここでいう、「プログラミング教育」が何を指すかについては、ここまでに議論を重ねてきた。「コーディングの技術を教える」のであればいらない、「プログラミング的思考を育む」のであれば推進すべき、が本書の主張である。

まず、多くの小学校は様子見、情報収集の段階である。各所でベストプラクティスの紹介には事欠かないが、半数以上の学校は戸惑い、悩んでいると考えて差し支えない。

日本の小学校の教育現場は、ただでさえ世界でも最高水準と言われる業務負担感を抱えている。そこに、教科が新設されるわけではなく（つまり、教員の補充はない）、しかし確実にプログラミング教育が乗っかってくる。現場の警戒感は相当である。

おそらく、２０２０年度の実施段階に至っても、省庁やコンソーシアムが公開するベストプラクティスを模倣しながら、恐る恐るの試行錯誤を始める学校が大勢を占めるだろう。

今はもう2019年、本来であればカリキュラムが確定し、そこで求められる什器《じゅうき》・備品が発注されるべき時期であるが、今回のプログラミング教育導入に際しては、それすら間に合っていない学校も多い。特に初年度については、アンプラグド（コンピュータを利用しない情報教育）が行われる学校も現れるだろう。

もちろん、それは悪いことではない。今回導入されるプログラミング教育の真髄が、コーディング技術の習得ではなく、プログラミング的思考の育成にあるのならば、パソコンやタブレットを利用したコーディング技術の教育は必須ではないからだ。

しかし、教育目的とカリキュラムを議論し尽くした上でのアンプラグド導入であればよいのだが、何も選べなかった結果としてのアンプラグドであれば、その教育の行く末は心配である。アンプラグドを用いた教育は、それを実施する教員に高い素養と技能を要求するが、場当たり的に導入されたケースでそのような人物が教壇に立つことは稀だろうからだ。

現時点では、急ぎ研修などが行われている最中だが、英語の教科化や働き方改革を並行して実施しているタイミングであることを考えると、教員にかかる負担とプレッシャーは今後ますます大きくなるだろう。

民間企業が行っているプログラミング教育とは

未来の学びコンソーシアムの文書などでも指摘されているように、プログラミング教育が地域や、現時点で保有しているリソースの格差なく実施されるためには、民間企業の力を活用することが欠かせない。

ただし前述したように、投入される予算そのものに地域格差が生じるようであれば、結果として行われる教育にも格差が生じることは火を見るよりも明らかである。当然のことであるが、公教育によって行われる情報教育は、情報格差をなくし、希望のある豊かな未来に資するものでなければ嘘である。情報教育によって、情報格差が拡大するような悪循環を決して生み出してはならないのだ。

高らかに謳われたプログラミング教育必修化を、現実の教育現場に落とし込む力として、民間企業の協力は、実際のところ前提事項であり、不可欠である。しかし、その協力が地域によって偏ることがないようにできるかと言えば、不安な現実が横たわっている。このことについては、後でも述べよう。

それでは、民間企業はどのようなプログラミング教育を行っているのだろうか。ここでは、

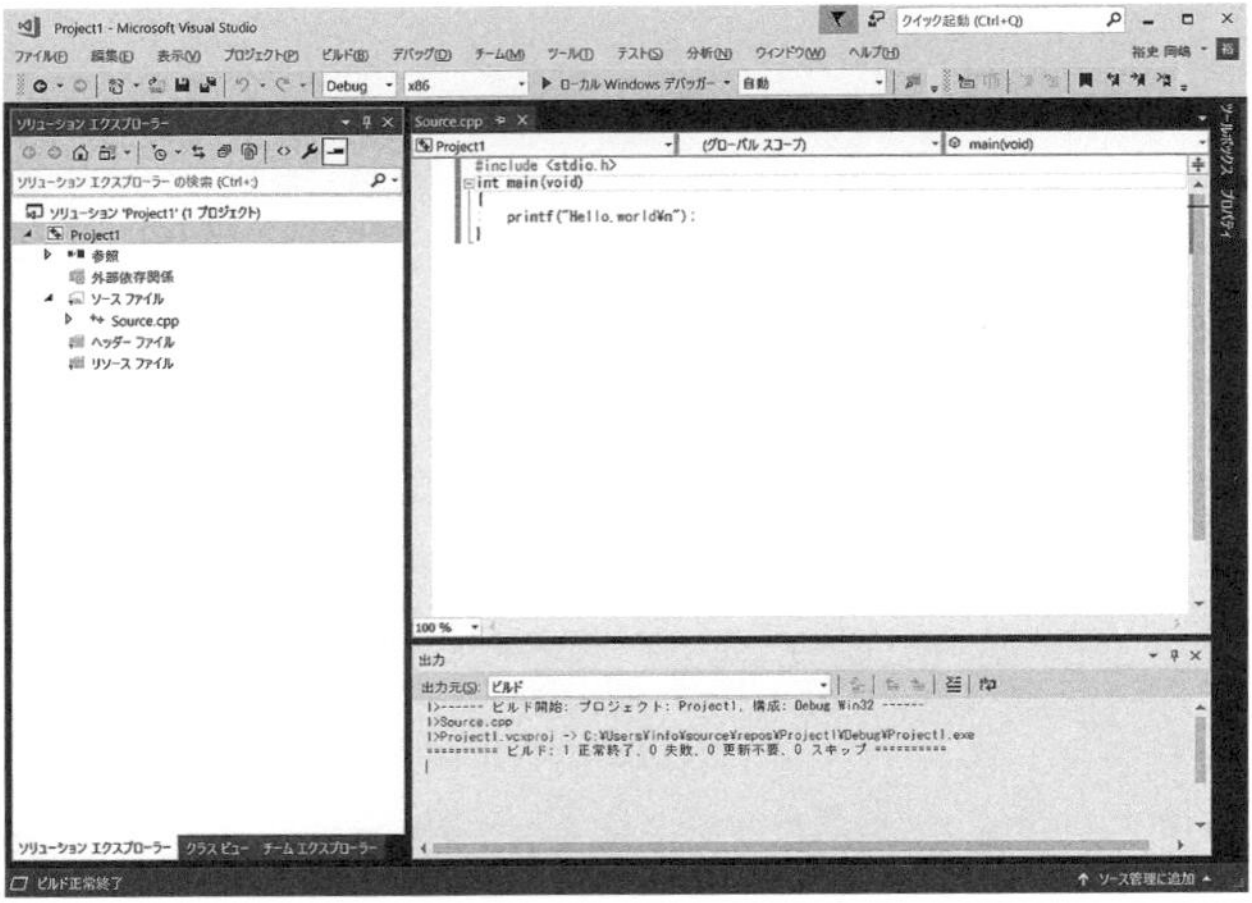

図9　マイクロソフト ビジュアル スタジオ

その典型例を紹介しよう。

前提条件として、民間のプログラミング教育の多くは経済的に余裕がある層への限定的な教育サービスであり、提供される地域も極端に首都圏に偏っている点を押さえておきたい。

S／T比（学生／教員数比）の重要性

一般的に「プログラミング」と考えられている行為、たとえば業務で行うプログラミングは、小学生にはややハードルが高い。

図9は、業務でも使われるマイクロソフト ビジュアル スタジオ（Microsoft Visual Studio）というプログラム開発ツールの画面である。

ぱっと見でも、小学生が使いこなすのは難しそうなことがわかる。論理的思考力とかコミュニケーション能力とか以前に、かなり特殊な用語と、何よりもアルファベット、ローマ字、できれば簡単な英単語にも通じている必要がある。

小学校中学年以上になると、こうした技術が好きな児童は、技術を試したいがために英単語を積極的に覚えていくこともあるが、全体で見れば少数派なのは間違いない。

また、いくら積極性があっても、幼稚園児、小学校低学年の児童には、やはり長い英単語や、それを使って複雑な構文のプログラムを書き、使いこなすことには無理がある。

それは、ゲームプログラミングのようなものでも同様だ。

図10は世界的に大きなシェアを持っているユニティ（Unity）というゲームに特化したプログラム開発ツールの画面である。一見、３Ｄの構造物などがたくさん現れて、子供の注意を引きそうだが、ビジュアル スタジオ以上に難解な用語が並んでいる。

「ゲームを作るためなら、子供は集中力を発揮して、難しい操作も覚える」というのは、大人の幻想である。

詳細なマニュアルを作って、「この通りにボタンを押していけば、アニメーションやゲー

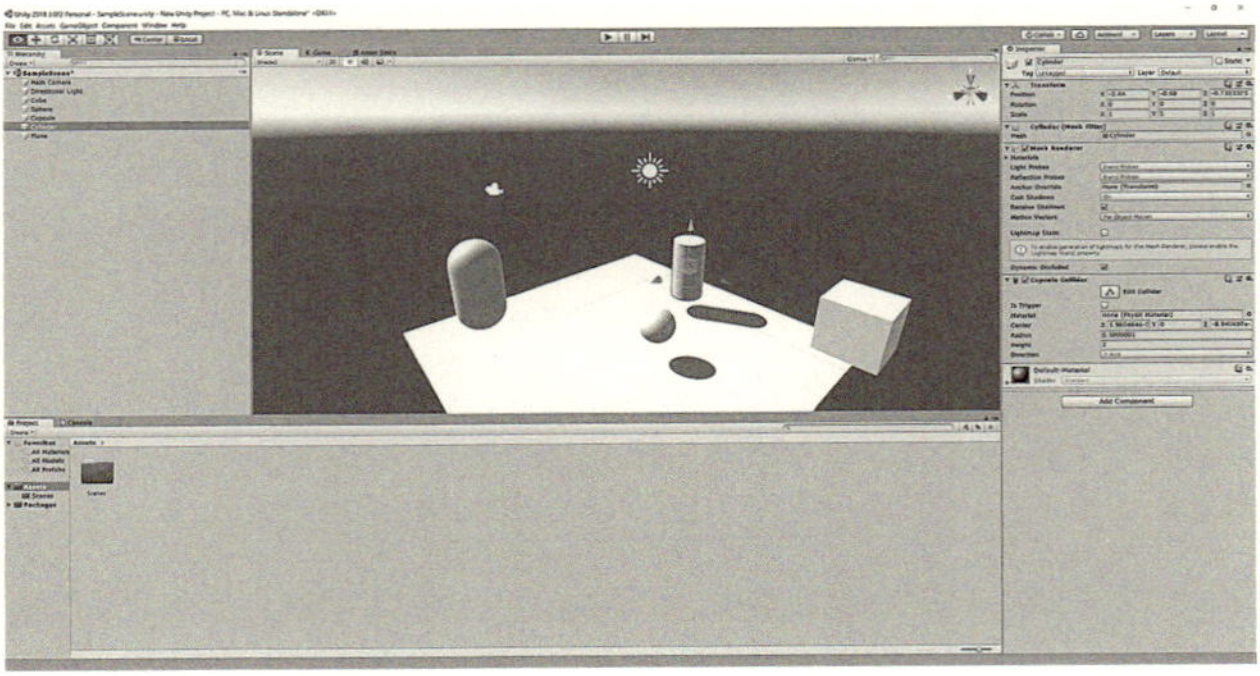

図 10　ユニティ

ムを作れるよ」と授業を進めていくことは不可能ではないが、それではちゃんと理解したことにはならないし、個人的な経験則として、いくら詳細なマニュアルがあったとしても、小学生が相手の場合、ほぼマンツーマンでの指導が求められる。

仮にそうしたサービス水準を民間企業に求める場合、費用が高額になるのは避けられない。

教育コストを算定するときに、S／T比（学生／教員数比）が極めて重要な要素となる。マンツーマン教育のコストは、人間を完全に代替できるAIでも想定しない限り、どんな情報システムを使ったとしても下げようがない。実際にマンツーマンサービスを行っている企業もあるが、どうしても富裕層向けのサービスになってしまう。

図11　マインクラフトで再現された『指輪物語』の世界
出典　https://www.gamespark.jp/article/2015/09/07/59990.html
※プロジェクト名は「ArdaCraft」。https://ardacraft.me/

マインクラフト（Minecraft）

そこで、導入部ではゲームを活用することが多い。最も多く使われているのは、マインクラフト（Minecraft）である。

大雑把に言えば、レゴやダイヤブロックのようなツールを、仮想空間内で実現したものだ。仮想空間であるだけにスケールの制限がないに等しく、やりようによっては途方もないものが作れる。

図11は『指輪物語』の世界をマインクラフトで再現した様子だが、人によってジブリの世界を作ったり、現実の絶景を移植したりと様々なものが作られている。

なぜ、こうしたツールが教育用途に期待されているのか。

まず、先に述べたように、ブロック（ボクセルと呼ばれる）を積んで、様々なものを作り上げることができるため、子供のクリエイティビティを触発できるのでは、と考えられているからである。

現実の世界では、ブロックツールで巨大な建造物を作ろうと思ったら多くのスペースと費用を要するが、マインクラフトであればそれらのコストはゼロに等しい。いくらでも職人芸を発揮することができる。

また、自分で作った（最初から用意されているものでもいい）世界の中で、キャラクタを操作して遊ぶこともできるのだが、この世界では時間が経過していき、敵が出現する、といったイベントが起こるので、それに対処するために安全な移動ルートや寝床を確保しなければならない。

一般的なゲームと比べると、格段に不親切（何をすべきかの指針や便利なガイドキャラクタが不在）なので、ここでサバイバルするための試行錯誤を繰り返すことで、問題解決能力が養われる（とされている）。

レッドストーン回路

さらに、これが主眼とも言えるが、マインクラフトのブロックには、レッドストーン回路と呼ばれるものが用意されている。これはスイッチのようなもので、たとえば、いつも光っている照明を、レッドストーン回路と組み合わせることで、オン／オフが可能な照明にすることができる。エレベータを作ることも可能だ。

極端なことを言えば、コンピュータを作ることもできる。コンピュータをバラバラに分解すれば、最終的にはオン／オフを繰り返す単純な回路になる。だから、レッドストーン回路を組み合わせていけば、コンピュータを模することもできるのだ。

もちろん、現実のコンピュータを模することは、規模と速度の点で現実的ではないが、簡単な計算機のようなものであれば、レッドストーン回路の組み合わせで作れる。

こうした活動を通じて、照明のオン／オフの裏で機械はどんな働きをしているのか、なぜボタンを押すとエレベータが当該階に止まってくれるのか、計算機はどうやって足し算や引き算を行っているのかを知ることができる。

現実に回路を作ってもいいが（実際、一昔前に一石トランジスタでラジオ工作の経験をした方は多いはずだ）、より大型のものを、より小さなコストで、より内部にまで踏み込んで理解し、作ることができるわけだ。うまく利用すれば、子供の興味を引き出し、様々な物事のしくみを理解させることができるだろう。

教育効果を発揮させるためには適切なガイドが必要

加えて、マインクラフトではこれらの活動をチームで行うことができる。分担を決め、あるメンバーは城、あるメンバーは街、あるメンバーは荒野を担当することで、協力しながらより広大で精緻な空間を作ることも可能になる。

レッドストーン回路で仮想機械を作るときもそうだ。みんなで協力すれば、簡単なロボットくらいはすぐに作れるようになる。だから、プロジェクトマネジメント能力やコミュニケーション能力を磨くことができる、という論法だ。

ただ、理屈の上ではそうであっても、現実はそう生やさしいものではない。100人にマインクラフトを与えれば、放っておいても1人くらいは問題解決能力を獲得し、創造力を発揮し、電子回路の真髄に迫り、コミュニケーション能力を養う子が出てくる。でも、大多数の児童にとってはこうしたツールはやはりゲーム以外の何物でもない。

多くの児童が時間を忘れて一生懸命いじってくれるが、個人遊び以上のものにはなっていかない。それがふつうなのだ。

だから、単にマインクラフトを与えれば、児童の各種能力が伸びるというのは幻想で、教育効果を発揮させるためには適切なガイドがいる。そして、そのガイド役に要求される能力のハードルが結構高いのである。

それはそうだ。あらゆる場面において問題解決のヒントを出せる能力と準備が必要で、電子回路にも詳しく、方向も強弱もバラバラなベクトルを持つ児童の集団というこの世で最も制御しにくい部類に入るグループに、統一したコミュニケーションを志向させるカリスマ性もなければならない。児童がクリエイティビティを発揮している最中は、黙って見守る我慢強さも求められ、発達心理などに長けていればなおよい。

一朝一夕に育成できる人材像ではない。もし学校でこうした活動を実施していくならば、少なくとも各校に専任の教員が必要なレベルで大変な仕事である。

スクラッチ（Scratch）

マインクラフトは本質的にはゲームである。もともとゲームとして設計され、その教育効果が認められて Education Edition（教育用途向け）がリリースされた経緯からもそれは明らかだ。それに対して、開発ツール側から子供に歩み寄ったアプローチもある。最も有名なのはスクラッチ（Scratch）だろう（図12）。

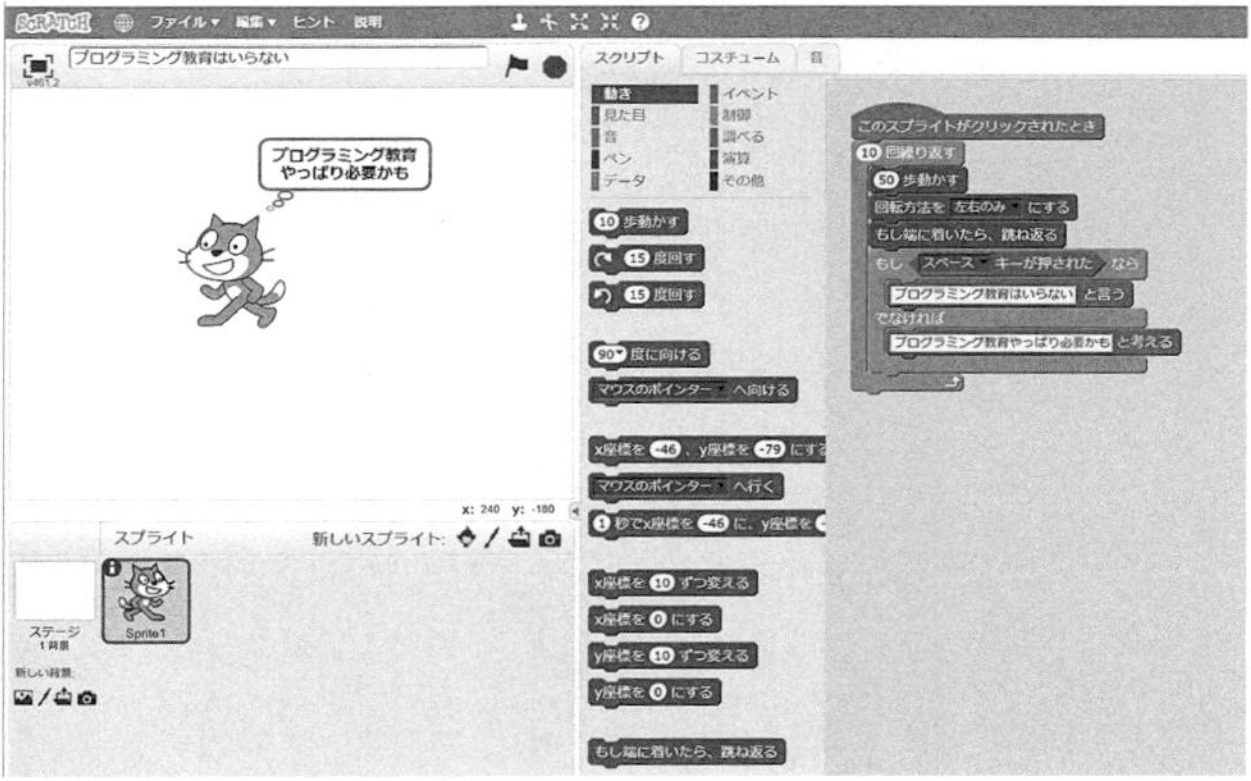

図12　スクラッチ

スクラッチは、スプライト（キャラクタ）に対して、スクリプト（プログラム）を貼り付けていくスタイルのモダンな開発ツールである。

一般的にプログラムは、

printf("Hello, world");

Hello, world と画面に表示せよ

といった構文（命令文＋命令実行に必要な情報）で書かれるのに対して、スクラッチには「□歩動かす」などのブロック（命令文）が用意されており、そのブロックを積み上げていくことでプログラミングを行うことができる。命令実行に必要な情報は、□で表されていて、ここに10、20などと記入することで、「10歩動かす」

「20歩動かす」ための命令文が完成する。

この方式であれば、命令文を英単語で記述する必要がなく、小学校低学年、場合によっては幼稚園児でもプログラミングを行うことができる。

実際、図12には、プログラミングの基本である順構造（並べられた命令文は、上から順に実行される）、繰り返し構造（同じ命令を反復する場合、命令文を何回も書くのではなく、「繰り返せ」という命令を挿入することで省力化する）、分岐構造（特定の条件のときだけ仕事Aを、それ以外の場合は仕事Bをするなど、条件による仕事の場合分け）のすべてが含まれている。

それでいて、繰り返し構造、分岐構造特有の難しさ、取っつきにくさは感じさせない。無理なく、視覚的・直感的に「ここは同じ仕事を繰り返している」「ここは条件によって、やるべき仕事が分かれている」と理解することができる。

かなりプログラミングの本質に迫ることができるツールなので、各種の子供向けプログラミング講座で主力ツールとして利用されている。ここ数年で、人生初のプログラミングをスクラッチで体験した児童はうなぎ上りに増加している。習熟すれば、かなり本格的なプログラムを書くことも可能である。

初級ステップ後の難しさ

私自身も、スクラッチはよいツールだと考えているが、スクラッチ後のことを考えておく必要はあるだろう。いくらよいツールでも、児童向けのツールであることは間違いがなく、ブロック積み上げ方式のプログラミングには無駄も多い。スクラッチをそのまま業務ツールとして使うことには無理があるのだ。

したがって、スクラッチで基本を学んだ子供たちは、どこかの時点でスクラッチを卒業して次のツールへ進む必要があるのだが、次に使うツールが難しいのである。中級者向けのよいプログラム開発ツールが見当たらないのだ。

いくつかの試みはあるものの、よくできた開発ツールで、かつ説明書のたぐいが充実していて、利用者数の規模（にっちもさっちもいかなくなったら、誰かに聞ける）に一定の水準を求めると、スクラッチの次に使うツールは、先のビジュアル スタジオやエクリプス(Eclipse) といったプロも使うようなツールになってしまう。スクラッチを極めた利用者、学習者にとっても、この2つの間のギャップは大きい。

もっとも、初心者卒業後の中級ステップに難儀するのは、プログラミングに限らず、各種の教育現場で普遍的に見られる現象である。

航空自衛隊はT‐7型初等練習機→T‐4型中等練習機→F‐2戦闘機と飛行士をステップアップさせるが、T‐7とT‐4の間にある溝はかなり大きい。

もうちょっと身近なところでは、情報技術を学ぶ際に書籍を用いようとすると、入門書と専門書は充実しているのに対して、中級者をケアするような書籍は極端に少ない。市場規模の問題だと言えばそれまでだが、初心者を卒業した後の身の振り方が難しいのだ。

結局、今のところはビジュアル スタジオなどの本格的なツールを、機能を絞り込んだ形で使うことになる。うまく習熟できれば、早い段階でプロのツールに触れられたと評価できるが、ここで挫折する子も多い。

ミドルレンジの学習環境の整備は、今後、中学校、高等学校にプログラミング教育を展開していく際にも、大きな問題となって横たわることになるだろう。

「プログラミン」

もう1つだけ、プログラム開発ツールを紹介しておこう。文科省が公開している「プログラミン」である（図13）。

ぱっと見、かなりスクラッチを意識しているであろう開発ツールである。ただし、ただの

図13　プログラミン

デッドコピーにはなっておらず、スクラッチよりもさらに低学年、低年齢の児童でも扱えるように工夫されている。

　操作画面も、スクラッチよりさらに簡略化され、ウィンドウの概念がわからなくても操作できるようになっている。命令文に相当するブロックもフレンドリーだ。ヒダリン（左に進む）、ミギーン（右に進む）といった愛称までつけられていて、その形を見て、愛称を聞くだけでどんな命令文なのかがわかるしくみになっている。（これはスクラッチでも同じだが）キャラクタの自作（お絵かき）もできるようになっており、プログラミングが難しい子はお絵かきをするだけでも楽しい。

　ただし、命令文を独特の形状を持つ固有のブロックにしたり、愛称をつけたりといった簡略化を推し進めた結果、プログラムの高機能化や汎用化には制限がかかっている。プログラミンを用いて高度で複雑なプログラムを作ることは（不可能ではないが）難しい。複雑なことをやりたければ、他のもっと取っつきにくいプログラム開発ツールを使ったほうが、結局のところは楽だろう。

そのせいなのか、文科省が開発した（実際には下請けに投げているが）プログラム開発ツールであるにもかかわらず、プログラミング教育必修化に際してもほとんど言及されていない。単体として見ればよいツールであるだけに残念な状況ではある。

スクラッチのベストプラクティス

これまでに、子供向けプログラミング教育でよく利用されるプログラム開発ツールを概観してきたが、おそらく多くの小学校が（情報環境が整っていれば）スクラッチを導入してくるだろう（情報環境が整わない学校は、アンプラグドを選択せざるを得ない）。

ただし、これまでの議論でも明らかなように、スクラッチにさえ触れさせればコーディング技術が身につくというものではない。プログラミング的思考となれば、なおさらである。

加えて、「学習指導要領に例示されている単元等で実施する」と拘束されると、教材を考

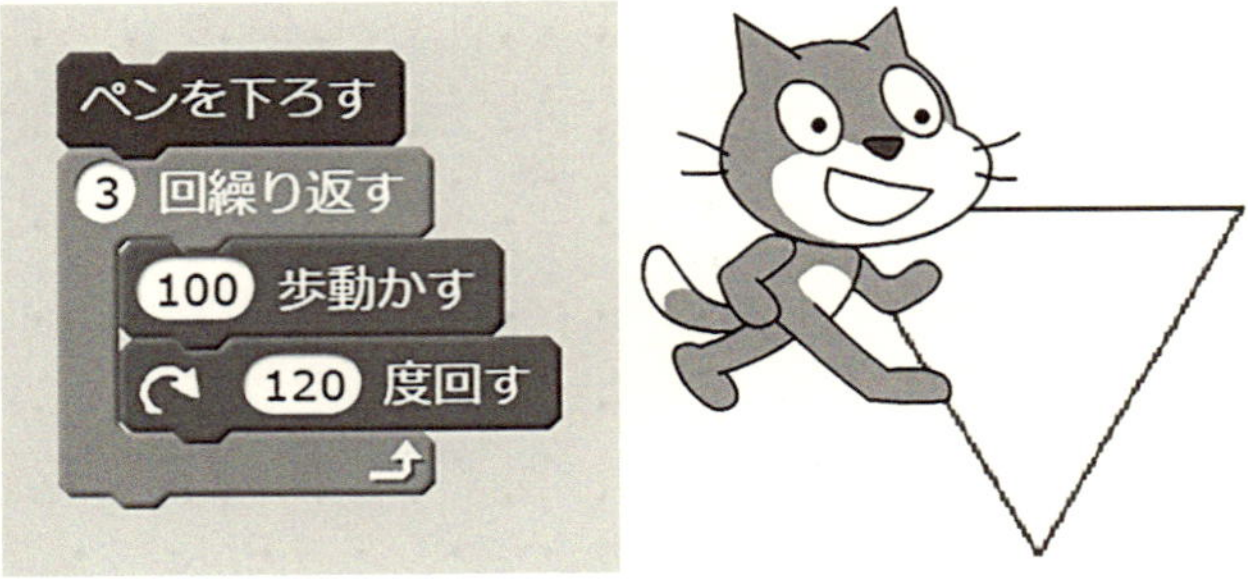

図 14

え、作る難易度は途方もなく上がる。

スクラッチにも、前に紹介した未来の学びコンソーシアムが示すような、ベストプラクティスは出てくる。たとえば、図14のようなプログラムを成果物とした、「正三角形とは何ものか」を考える課題は、算数のトレーニングとしてとても有益だ。

正三角形をプログラムで表現しようと思えば、3本の辺の長さと、3つの内角がすべて等しいことを喝破しなければならないし、それを単純な命令文の組み合わせでどう描画するかに、各人各様の創造性が発揮される。

簡単なようでも、正三角形の本質が理解できていないと、このプログラムは思い浮かばない。「正三角形って何?」と子供たちに聞くと、実に色々な答えが返ってくるが、プログラムを書くために試行錯誤を続けていくと、最終的には余分なアイデアが捨象《しゃしょう》されて、長さと角度にたどり着く。とてもよくできた問いかけと授業設計である。

しかし、これ1つを思いつき、実装し、授業計画の中に盛り込んでいくのは、とてもとても手間のかかる作業なのだ。少なくとも、1人の教員が業務の片手間に、各単元についてアイデアをひねり出し、サンプルプログラムを作ってみよう、と気軽に試みられる作業量ではない。

今後、教員たちが自分の経験や自作の教材を持ち寄り、共有したり意見交換しなければならない場面は必ず出てくる。そこには民間企業の協力も不可欠であろう。そうしなければ、満足に授業運営をするほどの教育資源を構築することはできないし、仮に教員個々人がそれを試みた場合に、今でも厳しいと言われている教員の業務負担が許容できないほどに膨れ上がるのは確実だ。

関東圏に偏るプログラミング教室

業務負担の話題になったところで、現実のクラス運営について触れておこう。ここから使うデータは、民間企業のものが主体になる。

先進的な小学校が試行錯誤をしたり、それに追従しようとする学校がベストプラクティスを導入したりと、小学校の現場でもプログラミング教育の導入は進んでいるが、割合からするとまだ多数派であるとは言えない。

何をしたらよいか迷う小学校と、我が子に何かをしなければと焦る保護者の隙間を埋めているのは、民間企業である。プログラミング教育を謳う民間講座は大昔から存在していたが、2013年を境にその数を急速に伸ばしている。ただし、問題なのはその地理的な偏りである。

図15・16は総務省が公表している資料だが、プログラミング教育講座の設置が都市圏、とりわけ関東圏に集中していることが読み取れる。

文科省自身も民間企業の積極的な活用、連携を謳う中で、講座数が伸びていること自体は歓迎すべきことだろう。しかし、こうしたプログラミング教育の機会が大都市圏居住者にのみ開かれているのだとすれば、かなり皮肉な状況である。

情報技術は距離や国境を無効化すると言われているが、人生の最初期に触れる情報教育の機会が、地方在住者からは奪われているとしたら、何のための情報技術かという話になる。

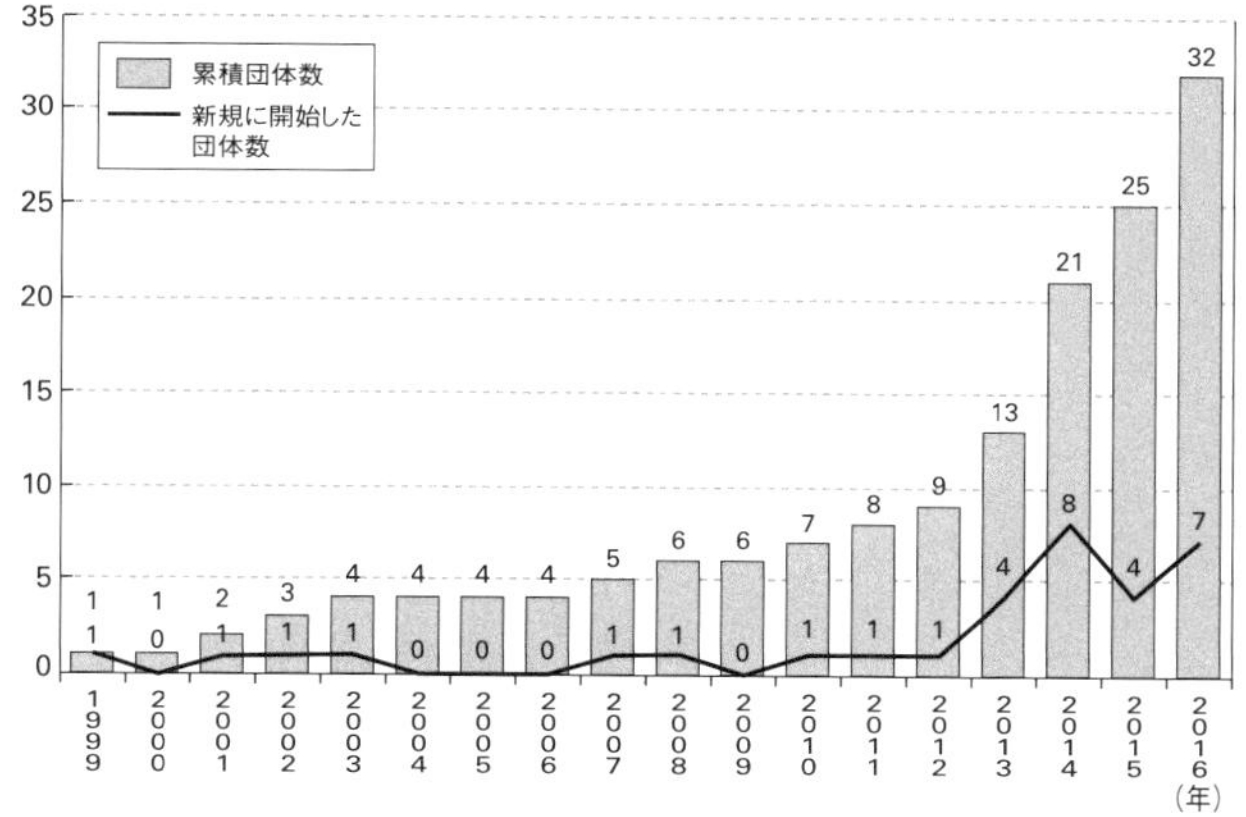

出典　http://www.soumu.go.jp/main_content/000501658.pdf p.3を基に作成

図15　プログラミング教室・講座の開始時期

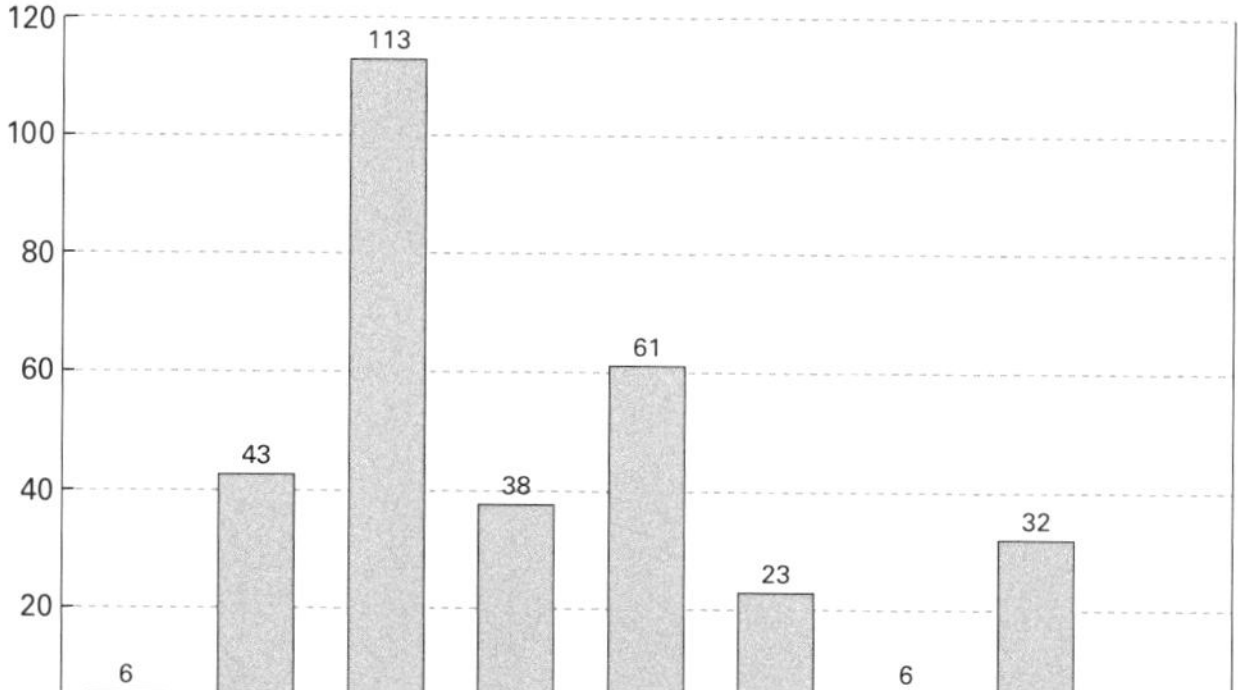

出典　http://www.soumu.go.jp/main_content/000501658.pdf p.2を基に作成

図16　プログラミング教室・講座の地域別教室数

高額の受講料

格差の問題は、地域に根ざすものだけではない。子供向けプログラミング教育事業において、高い評価と大きなシェアを得ているブランドにテックキッズスクール（Tech Kids School）がある。あのサイバーエージェントのグループ企業、シーエーテックキッズ（CA Tech Kids）によって運営される講座だ。

テックキッズスクールには継続学習（Tech Kids School）と短期体験（Tech Kids CAMP）の2種類のコースがあり、継続学習を受ける場合の費用は月額受講料が1万9000円、月額教材費が2000円、PCのレンタル費が4000円である。2日制の短期体験は、PCのレンタル費を含んだ総額で3万4000円になる。

テックキッズスクールは「テクノロジーを武器として、自らのアイデアを実現し、社会に能動的に働きかける人へ」という理念を唱えており、これは文科省が掲げる教育の目標や人材像に整合させていると読み取ることができる。

小学校でのプログラミング教育を補完するシステム、プログラミング教育体制が整うまでの避難先としては、カリキュラムの点では最適な選択肢と言える。

しかし、手放しで喜べないのはその高額な受講料である。継続して学習を受けるとして、月額受講料2万1000円＋αは決して手頃な価格ではない。むしろ、受験に直接関係しない活動に、これだけの費用を投じ続けられる家庭は少数派の部類に入るであろう。しかも、この費用が下がる見込みはあまりないのだ。

確かにテックキッズスクールは豪奢で潤沢な教育環境を提供している。贅沢とも言える情報リソースを準備し、オリジナルの教材を用いて、スクラッチのプログラミング、iPhoneアプリ開発、ユニティのプログラミングと段階的にステップアップしていくことができる。教室の運営は、1人の講師に対して数人の児童と、S／T比もとても優秀だ。

こうした運営をしていくのであれば、受講料が高額になるのは必然である。

受講料は下がっていくか

もちろん、今後この分野は新規参入者も増え、競争が激化することが予想される。また、プログラミング教育必修化がまだ行われていない時点で、こうした学習に費用を投じることができる家庭はそもそも富裕層かそれに準ずる層であり、今はそれに向けたサービスとして価格設計がなされている。したがって、必修化以降に中間層以下まで需要が拡大すれば、価格設計が見直される可能性はある。

これらを受けて、費用が下がっていけばよいのだが、現時点でもプログラミング教室は相当な競争環境下にあること、子供向け講座ということで、教育の質を向上させる最大の変数はS／T比であることを考慮すると、突然これが半額になるような事態は考えがたい。

講師の数を減らせない最大の理由

実は、私自身も、この状況を楽観視していた1人である。いずれ、民間講座の費用は下がり、一般的な4教科、5教科型の学習塾と同等の水準になるのではないかと考えていた。

しかし、現実に子供向けプログラミング教育講座を運営している学研プラスと各種の実証実験を行う機会を得て、その考えが甘かったことを思い知らされた。

実証実験開始当初は、講師1人につき3～4人のグループで教育を始めても、教室運営ノウハウの蓄積と、講師の技量向上にともなって、このグループを7～8人の水準にまで大型化できると考えていたのである。もし、これが叶えば、国語や算数の講座と比較して、突出した受講料にしなくてすむのだ。

だが、小学生に対して、プログラミング的思考を教えるのは、予想以上に手間がかかる。

その手間のかなりの部分は、子供たちがテキストが読めないことに起因していた。驚くべきことに、多くの情報機器、周辺機器に英語表記やローマ字表記が使われていることは、懸念されていたほどには大きな障害にならなかった。小学校低学年の児童でも、慣れれば使いこなせるのである。

しかし、S／T比を改善する大きな要素である、「子供たちが自学自習できるか」には問題点が残った。子供たちがテキストを読みこなせないとするならば、サポートの手はいくらあっても足りない。少しクラスサイズを大きくしただけで、学習集団としてのグループは容易に崩壊する。

当初、私たちはテキストの作り方が悪いのだと考えていた。子供が理解し得る水準を超えた漢字や語彙を使ってしまったのではないか、説明のきめ細かさが足りなかったのではないか、図版が足りなかったのではないか、年齢的に理解不能な抽象概念を使っていないか……。考えつく限りの自習できない要素を抽出し、テキストを改善した。しかし、どんなにかみ砕いてもテキストを読みこなせない児童は残った。

ただし、理解力が低いわけではない。講師のサポートがあれば、概念や操作を飲み込めるのである。このことは、すべての児童に情報リテラシを与え得るという意味では朗報だが、人件費を考えれば凶報である。これが、プログラミング教育、プログラミング的思考教育が内包する構造的な問題だとするならば、いつまでもS／T比は改善できないことになるからだ。

プログラミング教育においても、きちんと環境を整えなければ、学級崩壊は容易に起こり得るということだ。

古典的な講義形式のメリット

ただ、この問題は、クラスの進め方を古典的な講義形式にしてしまうことで回避することができる。アクティブラーニングなどの必要性が叫ばれる今、講義形式でクラス運営を行うことは、ともすれば時代に逆行している印象を受けるが、大勢の児童をまとめ、静粛な環境を維持し、知識を伝達する手段としては、確かな効果がある。これは、講義室を用いる場合でも、ＰＣ教室を用いる場合でも同様である。

知識だけではなく、思考力や創造力を養う目的で各種のアクティブラーニングを導入するわけだが、やはり教育手法としては高コストだ。特に低年齢児ではガイド役の大人が多く必要である。中途半端な体制で導入してクラスが崩壊しては教育効果も見込めない。アクティブラーニングが有用であることは言を俟たないが、そもそもすべてのクラスに導入することは必須ではないだろう。

子供たちはプログラミングが好きか

一般論として、プログラミング講座に対する子供たちのモチベーションは高いと考えられがちである。手を動かす作業、たとえば図工はカリキュラムの中でも、人気メニューの一つである。手を動かし、かつ絵や音楽、動画といった素材を使うことができるプログラミング教育は、無条件ですべての子供が喜ぶだろうと考えている教育関係者は多い。

でも、大人が考えるほどに、子供たちはプログラミング教育を好きではない。

確かにプログラミング講座を観察すると、子供たちは楽しんでいる。しかし、無条件に楽しんでいるのは、導入部のマインクラフトにほぼ限定される。マインクラフトは、先にも述べたように、現在、教育用ツールとして重要な位置を占めているが、もともとはゲームである。子供たちを熱中させる要素に事欠かないのだ。

だから、マインクラフトに熱中している児童のすべてが、先のレッドストーン回路に興味を持っているわけではない。フィールドを歩き回るゲーム体験のみを目当てにしている子も多いのである。

教育ツールがアンプラグドや、スクラッチを用いたものになると、授業に集中できない子供の割合は無視できないほどに高まる。

スクラッチとビジュアル スタジオの間に、ツールとして大きな溝があることはすでに述べたが、それ以前にマインクラフトとスクラッチの間にもかなりの溝があったのだ。

やはり、ゲームと学習は違う。どんなアクティビティでも、それが学習に接続した瞬間に失われる楽しさ、というものは存在するので、過度に悲観する必要はないが、子供たちは必ずプログラミング教育を楽しむはず、という思い込みが危険であることは、述べておきたい。

言葉を換えれば、小学生のクラスルームに取りあえずマインクラフトを導入すれば、何となくプログラミング教育を実践しているイメージを演出することができ、かつ子供たちが集中して取り組むことも予想できる。

しかし、それが本当にプログラミング教育として機能しているかは、第三者の視点も交えて検証しなければならないだろう。

前述のように、高校に「情報」の授業が導入されたときに、持て余した学校や教員がブラウジング（ネットサーフィン）でお茶を濁したような事態を繰り返すのは、資源も時間も人員も、子供たちの時間さえも無駄にする。

女子児童とプログラミング

女子児童に関する懸念にも触れておこう。学研プラスにご提供いただいたデータを引用しながら説明する（図17）。

図の右の「キャンプ」とは有償のトレーニングで、左の「ワークショップ」とは無償のトレーニングである。子供たちが持つ属性としては、キャンプのほうが受講へのモチベーションが高く、親の持つ属性としては、キャンプのほうが所得傾向が高いことが予想される。

教育関係者、とりわけ小学校の先生と話して、心配事としてよく上がるのが、女子は生得的に情報技術への興味が薄いのではないかという点だ。

こう書くと、男女差別のように受け取られるかもしれないが、私自身、男の子と女の子の双子を育てていて、やはり興味関心を持つ対象の性差はあるように感じている（両親や社会といった環境が無意識に性差を刷り込んでいて、鈍感なお前が気付かないだけだ、という批判に対して、有効な反論ができるほど定量的な証跡があるわけではないが）。

問題は情報技術に対して、その差が見られるかどうかだ。少なくとも、ワークショップに参加している児童を観察する限りにおいては、興味の性差や、習得速度の性差はなかったと

1日制キャンプ（有償）参加者のデータ

参加者の年齢	人数	割合
4〜5歳	0人	0.0%
6歳	17人	3.8%
7歳	59人	13.1%
8歳	104人	23.1%
9歳	98人	21.8%
10歳	73人	16.2%
11歳	41人	9.1%
12歳	29人	6.4%
13歳	22人	4.9%
14歳	6人	1.3%
15歳	1人	0.2%
合計	450人	100.0%

保護者の年齢	人数	割合
〜29歳	0人	0.0%
30〜34歳	7人	2.3%
35〜39歳	49人	16.0%
40〜44歳	142人	46.4%
45〜49歳	80人	26.1%
50〜54歳	24人	7.8%
55〜歳	4人	1.3%
合計	306人	100.0%

参加者の性別	人数	割合
男	353人	79.3%
女	92人	20.7%
合計	445人	100.0%

参加者のプログラミング経験	人数	割合
なし	49人	71.0%
あり	20人	29.0%
合計	69人	100.0%
半年未満	16人	23.2%
半年以上〜1年未満	2人	2.9%
1年以上	1人	1.4%
あるが年数不明	1人	1.4%
「あり」の合計	20人	29.0%

有料サービスの受講経験	人数	割合
なし	42人	67.7%
あり	20人	32.3%
合計	62人	100.0%

有料サービスの受講希望	人数	割合
受けてみたい	62人	100.0%
受けてみたくない	0人	0.0%
合計	62人	100.0%

キャンプに2回以上参加した人数	37人	（参加者450人に対して）8.2%

1日制ワークショップ（無償）参加者のデータ

参加者の年齢	人数	割合
4～5歳	39人	2.5%
6歳	105人	6.8%
7歳	289人	18.7%
8歳	340人	22.0%
9歳	272人	17.6%
10歳	227人	14.7%
11歳	124人	8.0%
12歳	99人	6.4%
13歳	37人	2.4%
14歳	13人	0.8%
15歳	2人	0.1%
合計	1547人	100.0%

保護者の年齢	人数	割合
～29歳	9人	0.6%
30～34歳	60人	4.2%
35～39歳	323人	22.8%
40～44歳	582人	41.0%
45～49歳	349人	24.6%
50～54歳	86人	6.1%
55～歳	10人	0.7%
合計	1419人	100.0%

参加者の性別	人数	割合
男	945人	72.4%
女	360人	27.6%
合計	1305人	100.0%

参加者のプログラミング経験	人数	割合
なし	1109人	77.6%
あり	321人	22.4%
合計	1430人	100.0%
半年未満	225人	15.7%
半年以上～1年未満	35人	2.4%
1年以上	32人	2.2%
あるが年数不明	29人	2.0%
「あり」の合計	321人	22.4%

有料サービスの受講経験	人数	割合
なし	1095人	84.2%
あり	205人	15.8%
合計	1300人	100.0%

有料サービスの受講希望	人数	割合
受けてみたい	1296人	99.6%
受けてみたくない	5人	0.4%
合計	1301人	100.0%

図17　プログラミングのキャンプ、ワークショップ参加者のデータ

考えられる。

だが、図17の表に示されているように、ワークショップの女子受講比率は全体の27・6％である。そもそも、興味のある子だけが受講しているので、こうした結果が出るのは当然だと言われれば、今のところ反論のすべはない。なぜ、男女同数ほどの参加者にならないのかは、わかっていないのだ。

一般論としてよく語られるように、女子は本当に生得的にあまり情報技術が好きではないのか、あるいは情報技術に興味はあるものの、そのそぶりを見せないほうが生存戦略として利得が大きいと保護者や本人が判断しているのか、社会的な刷り込みがあるのかは、興味深いテーマである。

現時点でのワークショップ開催ではデータを得ることができない学習動機の低いグループに関するデータとあわせて、さらなるデータを蓄積していくことが急務と考えている。

情報格差への懸念

また、図17のデータからも、情報格差についての懸念は深まることになった。

これより以前の有償サービスの受講経験は、有償キャンプにおいて32・3％、無償ワークショップにおいて15・8％と、大差がついている。

どちらの参加者層も、継続してプログラミング教育を受けたい、より潤沢な教育環境で学べる有償サービスを受講したいという意識を持っているが、それを行動に移せる割合は、実際に有償サービスを受講している資金的・環境的に余裕のある層に偏る傾向が見られる。

これまでの議論も踏まえると、この傾向を放置すれば、子供たちによりよい情報教育を施そうという理念のもとに立ち上がった新たなカリキュラムと、それに付随する教育システムが、新たな情報格差の種を蒔くことにつながってしまう。

プログラミング経験に関しての設問でも、キャンプ参加者の29・0％、ワークショップ参加者の22・4％がありと答えた。微差であるが、資金力に余裕があると考えられるキャンプ参加者が、やはり高い経験率を示している。

この結果からも、所得格差が情報格差を再生産することへの注意を、十分に払わなければならないことが導ける。

教育効果の実証

一方で、それらの懸念を払拭し、きちんと実施することができれば、効果は見込めるのだ。一例として、学研プラスと行った実験を紹介する。

２０１８年12月～２０１９年１月にかけて、１回約２時間、計４回８時間のプログラミング講座をマインクラフト、スクラッチを教育ツールとして用いる形で実施した。

参加した児童は小学校４年生16名で、初学者が大半を占める。初回の講義の前と、最終回の講義の後に、論理的思考能力、問題解決能力を測定するペーパーテスト及び保護者・児童へのアンケートを実施して得点の増減を観察した。学習中の児童の行動も、観察・評価している。

教育の実施期間が短いこと、児童のサンプル数が少ないことは割り引いて考えなければならないが、全体の正答率において、プログラミング教育実施後に向上が見られた。有意な上昇が確認されたのは、論理的思考能力を問う設問であり、比較的短期間でもこの種の能力を向上させる効果があることが確認できた。

しかし、順序だてて物事の流れを整理、あるいは管理する問題解決型の設問では、受講後のほうが得点は上昇したものの、それが受講の成果によるものだとまでは言い切れなかった。

まだカリキュラムや教材に改善の余地があることの証左と言える。効果の測定方法も洗練させる必要があるし、何よりも測定期間と受講者数を大規模にして検証していかねばならない。

児童に対するアンケートでは、事前事後で次の項目に有意な上昇が見られた。

・何かをするときに、必要なことと必要でないことの区別がつけられる
・目的に合わせて、正しい手順を考えられる
・ものごとを深く考えるのが好きだ

これらは、論理的思考能力に該当する項目で、子供たちのペーパーテストの結果とも符合する。少なくとも、論理的思考能力については、親も子も実感できるほどの教育効果があったと言える。

保護者のアンケートでも、「家でもずっと集中して（ゲーム以外でも）何かを作ることができるようになった」「学びたい意欲のスイッチが入った」「集中すると疲れることに気が付いたのでうれしい」「1文字間違えただけでも先に進めないのが大変だったと言っていた」

「自分がやりたいことの方法を調べたり楽しみながら積極的に理解を深める様子が見られた」といった声が聞かれ、「物事を多面的に考え、その先に何があるのか、物事を整理していくにはいいことだと思う」と評価する意見が多かった。

なお、快くデータを提供くださった学研プラスには、この場を借りて御礼申し上げたい。

5章　求められる能力と教育

いい考えは実行すべき。許可をもらうよりも、謝るほうが簡単なのだから。

ホッパー（ＣＯＢＯＬ開発者）

情報システムのブラックボックス化を阻む

前章までに述べてきた、プログラミング教育の目的や、プログラミング教育によって得られる効果が、私の個人的な妄想でないことを示すために、もう少し具体的に、かつ文科省の議論なども参照しながら、説明しよう。

まず、小学校でプログラミング教育が導入されることになったきっかけは、文科省の「小学校段階における論理的思考力や創造性、問題解決能力等の育成とプログラミング教育に関する有識者会議」における議論である。それが、中央教育審議会にかけられ、小学校学習指導要領に反映されていく。

会議名称からも明らかだが、やりたいのは、次世代を創っていく子供たちに、次世代を生き抜く力として、論理的思考力、創造性、問題解決能力という武器を授けることである。プログラミングはそれを獲得するためのツール、もしくはメソッドであり、それ自体が目的ではない。主客を転倒してはならないのだ。

図18は、文科省が公表している「小学校プログラミング教育の手引」に掲載されているも

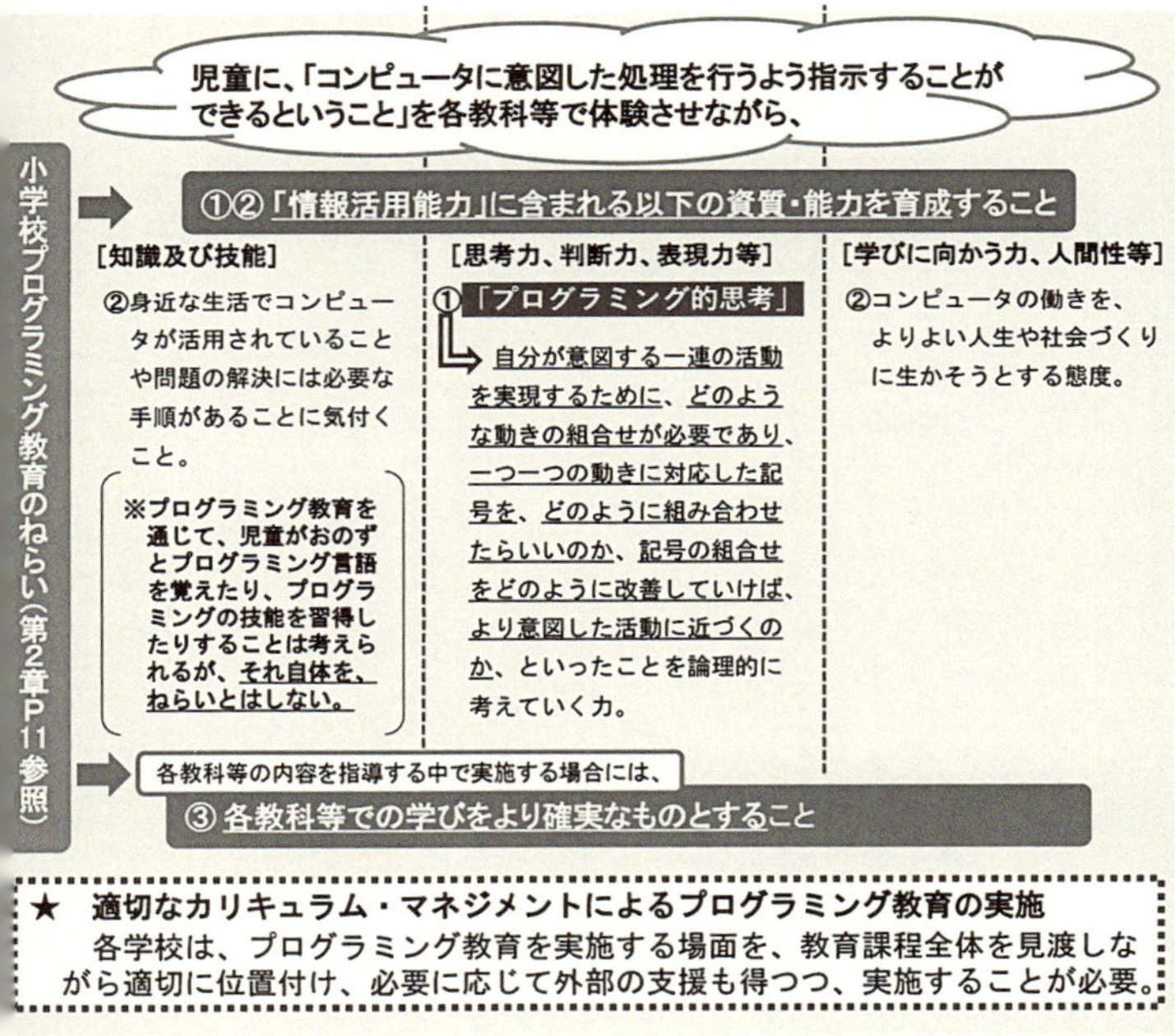
児童に、「コンピュータに意図した処理を行うよう指示することができるということ」を各教科等で体験させながら、
小学校プログラミング教育のねらい（第2章P11参照）
①②「情報活用能力」に含まれる以下の資質・能力を育成すること
[知識及び技能]
②身近な生活でコンピュータが活用されていることや問題の解決には必要な手順があることに気付くこと。
※プログラミング教育を通じて、児童がおのずとプログラミング言語を覚えたり、プログラミングの技能を習得したりすることは考えられるが、それ自体を、ねらいとはしない。
[思考力、判断力、表現力等]
①「プログラミング的思考」
自分が意図する一連の活動を実現するために、どのような動きの組合せが必要であり、一つ一つの動きに対応した記号を、どのように組み合わせたらいいのか、記号の組合せをどのように改善していけば、より意図した活動に近づくのか、といったことを論理的に考えていく力。
[学びに向かう力、人間性等]
②コンピュータの働きを、よりよい人生や社会づくりに生かそうとする態度。
各教科等の内容を指導する中で実施する場合には、
③各教科等での学びをより確実なものとすること
★　適切なカリキュラム・マネジメントによるプログラミング教育の実施
各学校は、プログラミング教育を実施する場面を、教育課程全体を見渡しながら適切に位置付け、必要に応じて外部の支援も得つつ、実施することが必要。

18
典　文科省「小学校プログラミング教育の手引」

のである。

注目してほしいのは、「プログラミング教育を通じて、児童がおのずとプログラミング言語を覚えたり、プログラミング（筆者注：本書でいうコーディング）の技能を習得したりすることは考えられるが、それ自体をねらいとはしない」という記述である。

言語やコーディング技法の知識・技術が、おまけでついてくることはあっても、目的ではないことが明示されている。

では、何のためにプログラミングを学ぶのか。

まずは、コンピュータ、情報システムのブラックボックス化を少しでも阻むことである。

「高度な技術は魔法と区別がつかない」は、私が好きな箴言だが、本当に生活に食い込んだ現在の情報システム群は、魔法のようだ。一昔前であれば、魔法でしか実現が不可能であったと考えられる事象や行為が、ふつうに情報サービスとして、商品として提供されている。

そうした高度なサービスが受けられるのは素晴らしいことだが、一方で魔法が使えない者に無力感を刷り込みもする。

1章で陰陽師の例を挙げたが、「何だか怪しい術式を使う連中が、社会を規定している」「自分たちは損をしているのではないだろうか」「彼らから正しく身を守ることは無理なのではないか」「どうやっても、彼らに敵うわけがない」といった疑心暗鬼や諦念を生んでしまう。

我々が目指した情報社会とは、そうではなかったはずだ。みんなが参加して、完璧なものや完全な合意は無理でも、どんどん新しいものを生み出して、その中から自分の好きなサービスや生き方を選択していく、そのダイナミックな動きに自分も主体性を持って参加しているという喜びを生むはずのものだった。

もちろん、これはある種のユートピア思想で、現実がそんなにうまく回らないことは皆承知している。でも、現実が現時点で理想通りになっていないからといって、理想を諦める必要はない。

図18の引用元である手引は、少なくともそうした理想を、やはり自分たちの手の中に取り戻していこう、そうしたことができる人材を育成していこうという宣言として受け取れる。

スマホやアプリは魔法ではなく、人間の考えで動いていること、その人間の考えはプログラミング言語という形式で表現され、コンピュータが理解できる形式になっていること、プログラミング言語によって行うコンピュータへの指示は、一つ一つをよく見れば非常に単純で（何度も繰り返したように、コンピュータとは単純作業を大量に高速に間違えずに飽きずに繰り返すことに最大の特徴がある機械である）、理解可能である——。

こういうことを知るだけでも、今私たちが社会と対峙するときに覚えずにはいられない無力感を、やわらげる効果があるだろう。もう一度、人生を自分の手に取り戻したいのである。

プログラミング的思考＝社会で生き抜く力

そして、この手引の最大の主張は、「プログラミング教育を通じて「プログラミング的思考」を育むとしている点である。すでに何度も触れているが、これは悪いものではない。

ちょっと長いが、手引から引用しよう。

「自分が意図する一連の活動を実現するために、どのような動きの組合せが必要であり、一つ一つの動きの対応した記号を、どのように組み合わせたらいいのか、記号の組合せをどのように改善していけば、より意図した活動に近づくのか、といったことを論理的に考えていく力」

情報技術を身につけろ、とは一言も書いていない。ここまでも何度も出てきたように、コーディングテクニックを覚えさせること、使いこなせるようになることは、今回のプログラミング教育必修化の主旨ではない。

では、何なのか。

前記の文章は、実に当たり前のことが書いてある。自分がやりたいことをやり遂げるためには、何と何が必要で、それをどのようにどういう順番で作ったり行ったりしていけばいいのか。1回やって上手くいかなかったときに、どこを変えてやり直せばいいのかを、情緒ではなく、考えることで解決していく力である。

これは要するに、社会で生き抜く力だ。もっと言えば、自分がやりたいことを、与えられるのではなく自分で見つける力、1人の力ではできないことを、周囲の人に協力してもらって遂行する力をも含むだろう。本来、学校教育とは、すべてこれを目指してきたのだ。

目的とそれを実現する手段

目的は、誰だって設定することができる。お金持ちになりたいとか、10キロやせたいとか、空母を作りたいとか、やりたいことはすぐに思いつく(もっとも、最近はここで躓《つまず》く学生も本当に多い。やりたいことが見つからないのだ。その多くは、社会のブラックボックス化が進み、自分が新たにできることは何もなさそうだという諦念に基づいているように見える。ブラックボックス化が解除できれば、生きたり、働いたりするモチベーションは向上するだろう）。

それを実現する手段も、まあ何となくイメージできる。働けばいいだろうとか、食べなければいいだろうとか、板金を溶接していけばいいんだろうかとか、想像はできる。でも、それは自分事ではない。誰かすごい組織力や資金力を持っている「自分とは別の人」がやる作業である。だって、自分にはできそうもないもの。

それを、自分でできるくらいにブレイクダウンする作業が必要なのだが、ここがとても難しい。

会社に入ればＷＢＳ（Work Breakdown Structure：これを実行するのは無理だろうと思うくらいの大きな仕事を、中くらいの仕事、小さな仕事と分割していき、「これなら自分にもできそうだ」とやる気を確保したり、「これならいくらでいつまでにできる」と予算や日程の見通しをつけられるようにすること）くらい新人研修で教えてくれるが、小学生や中学生にとって、今の社会や情報システム、コンピュータ、スマホはあまりにも高度な魔法になっていて、これを使って何かしようと思っても、何をしたらいいのかがわからない。それで、人の作ったアプリケーションやサービスに時間とお金を吸われることになる。

でも、これらもふつうの仕事と同じ。最終目標は空母を作るといった、雲の上のような大きなものでも、ネジ止めのような作業はどこかで必要で、それは自分にもできそうである。そして、どんな大きな建造物や高度な情報システムも、そうしたシンプルな作業や仕事の集積によってできているのだ。

以前は基本4教科や基本5教科を通じて、こうした事実を学んでいた。でも、社会のしくみが変わって、既存教科ではなかなかそれが実感できなくなってきた。だから、ツールとしてプログラミングを取り入れる。この流れに、私は賛成である。

どこまで指示を分解するか

大きな作業を分解していく、その分解した後の大きさも重要である。

たとえば、大人は「はみがき」と言われればどんな仕事かわかる。

でも、幼稚園の子には、「歯ブラシを手に取って、歯磨きペーストを付け、歯に直角に当てて高速に往復運動をする」と説明しなければならないかもしれない。さらに別の子にとっては、歯ブラシの定義から教えてあげる必要があるかもしれない。

人によって、どこまで指示を分解していけばいいかは、変わるのだ。統一した価値観（大きな物語）や単一の民族のもとで暮らしていればいざ知らず、あらゆるものが多様化し相対化し人材の流動性も高まった現代においては特に、相手一人一人によって、適切な仕事の指示の仕方は変わってくる。

現代は、多様化したがゆえに、こうしたコミュニケーションコストが非常に高くつく時代なのである。だから、どの企業も、欲しい人材の条件として、「コミュニケーション能力」を掲げるのだ。

コミュニケーション能力とは、円滑な意思の疎通をはかり、目的を達成するために発揮されるものだ。だから、べらべらしゃべれることがコミュニケーション能力ではない。

相手がしてほしいことを感じ取る能力、相手にとって最適な指示の仕方が理解できる、ということこそが、コミュニケーション能力を構成する大事な基盤なのである。

自分が意図する活動を実現するために、「どんな要素が必要で、その要素をどのくらい細かく分割する必要があり、分割したものをどの順番でどういう表現方法で示すのか」は、人生の主目的になるくらい重要なことである。

だって、これができなくてプロジェクトを完了させられない上司など、星の数ほどいるではないか。「契約を取ってこい」と100回部下に怒鳴ったところで、部下は取り方がわからない。もっと指示をブレイクダウンしなければ、取りかかりようもない。

「俺の頃は自分で学んだ」と言っても、時代が違うのである。社会システムは複雑化・硬直化し、失敗も許されない社会になっている。飛び込み営業など、下手をすれば通報事案になってしまう。

目的達成のために必要な要素、その分解、組み合わせ、効率化、そして創造性の発揮。これら社会をサバイブしていくのに必要な能力は、プログラミングの中にほぼ揃っている。これらができなければ、足し算ゲームを作ることすらおぼつかない。

論理でしか動かない

また、コンピュータが論理でしか動かないのも好都合だろう。

日本の社会や会社では、まだ「最後は気合い」とか「ここ一番は気持ち」とかいう風土が実に根強く残っている。論理の固まりで動いている象牙の塔でさえそうだ。かく言う私だって、この原稿を書いていて、「最終的には、何日か徹夜すれば間に合うだろう」と考えている。最後には気合いで押し切ろう、結局それが一番なんだ、と思っているうちは、国際社会で議論もできないし、長時間労働もなくならない。

　でも、人間が相手だと、それが通ってしまうところが問題なのである。

　同じような目標を実現するために、アクティブラーニングなどが日本にもだいぶ導入され、定着してきた。

　アクティブラーニングには色々な手法があるが、たとえばプロジェクトを行い、問題を解決しながら何かを学んだり、反転授業（フリップドラーニング）といって、従来の授業的なことは自宅学習に任せ、人が集まる授業ではディスカッションや共同作業、演習、問題解決をしようという試みである。

　話だけ聞くと、何だかよさそうに聞こえる。実際、欧米では成功例も多い。でも、それまで人とろくに意思疎通もせず、力業で問題を解決してきた日本にいきなり導入しても、なかなかうまくいかない。

　プロジェクトベースの学習では、結局チーム内のよい子が過大な負担を押しつけられてサービス残業（！）をしたり、フリーディスカッションでは、間違った意見を言うことも問題解決のためには資するのに、そしてそのことも説明しているのに、無難な意見だけを述べ続け、講師、もしくは講師役の誰かが、正解っぽい意見を言うまで自分の意見を秘しておく、「訓練された無能」にも似た状態がいともたやすく現出する。

でも、コンピュータに情実は通用しない。コンピュータは論理回路の集積によって構成され、動作している。よくも悪くも、指示した論理が間違っていれば、動かない。少なくとも、思った通りには動かない。

これを人生の早い段階で経験し、物事というのは、あるいは仕事というのは論理的に考え、論理的に指示しなければ、回っていかないものなんだ、完成しないものなんだ、という体験を積んでおくことは非常に重要であると思われる。

高度なコミュニケーション

プログラミングという作業は、極めて逆説的だが、高度なコミュニケーションだと思うのである。

こう言うと、プログラミングとコミュニケーションは真逆のものだと突っ込みたくなるかもしれない。むしろ、人とのコミュニケーションを阻んで、ＰＣや据置コンシューマ機、スマホのゲームに没入する若者、中年、高齢者を我々はすでに各所で目にしている。

でも、コンピュータというのは、容易に言うことを聞かない他者だ。

本書の中でも、コンピュータというのは幼稚園児ほどの理解能力もない、と表現してきた。比較的人間の言語に近い体系を保ったプログラミング言語でも、「ここまで分解して明確に指示しないと、コンピュータには理解できないのか」と思わせられる文法になっている。

また、考え方の違いもある。人間にとって、数は10進数で表すのが当然でも、コンピュータにとっては2進数や16進数で表してもらうのが気持ちよく、自然で、効率的だ。

物事を捉え、理解していく大きさが違う、考え方や、持って生まれた背景が違う、そうした他者と意思を疎通し、同じ目的に向かって力をあわせる。これこそ、まさに現代社会で、ビジネスの現場で求められているコミュニケーション能力ではないか。

人と直接話すわけではないが、プログラミング教育は異文化理解、多様化した他者と付き合うという意味で、まさにそれをシミュレーションし、コミュニケーションに必要な力を培う（培わざるを得ない）活動だと言える。

思考力とコミュニケーション能力を磨くのに最適

私も最初、「プログラミング教育を必修化、しかも小学校で」というフレーズだけを聞いたときは、ずいぶん嫌な気持ちになった。自分が小学生のときにプログラムを作ってお金をもらうような経験をしていた（73ページ参照）にもかかわらずである。

だって、あんなマニアックな技術を万人が覚える必要はない。

でも、プログラミングで絶対的に必要とされる他者（ここではコンピュータだが。もう少し大きなプログラムを書けるようになったら、それこそチーム制でプログラムを作り、対人コミュニケーションの練習をしてもいい）理解、仕事の把握と分割、それを異なるバックグラウンドを持つ他者に正確に伝える表現能力、それらを情実ではなく論理ですべて行わなければならない環境での活動に軸足が置かれるのだとしたら、プログラミング教育はとってもいいと思うのである。

その上で、オプションとしてプログラミング言語やコーディングテクニックも理解できれば、自分でそれを振りかざして仕事をするのでなくても、そうした技術を専門とする者とゼロ距離でビジネスの話ができたり、ブラックボックスだと思って自分では変えられないと考えていたスマホの中身やアプリやＩｏＴ機器、といったものが、アイデア次第でどうにでも変えられるぞ、とポジティブに捉えることができるようになるだろう。

そうなるなら、各所に監視カメラやＩｏＴセンサーが張り巡らされたこの監視社会は、可能性に満ちた、自分の創造力をぶつけられるキャンバスになるかもしれないのだ。

ちょっと文脈は違うが、故スティーブ・ジョブズの言葉を引用しておく。

アメリカ人は全員コンピュータのプログラミングを学ぶべきだと思うね。なぜなら、コンピュータ言語を学ぶことによって考え方を学ぶことが出来るからだ。ロースクールに行くようなものだよ。全員が弁護士になるべきだとは言わないけれど、現実にロースクールに通うことは人生に役立つはずだ。一定の方法で物事の考え方を学べるからね。

I think everybody in this country should learn how to program a computer. Should learn a computer language because it teaches you how to think. It's like going to law school. I don't think anybody should be a lawyer but I think actually going to law school would be useful coz it teaches you how to think in a certain way.

（「スティーブ・ジョブズ１９９５〜失われたインタビュー〜」より）
https://wirelesswire.jp/2013/11/32701/

プログラミングは、それ自体が「あなたの考え方は?」「あなたの指示は?」と問うてくる作業である。だから結構しんどい。「そんな細かいことまで、ふだんいちいち考えていないよ」というのが本音である。

でも、そのいちいち考えていない、人間の地頭のよさでふだんはアドリブで解決してしまうことを、突き詰めて考え、コンピュータにわかる指示の仕方はどうだろうと呻吟することで、思考力とコミュニケーション能力が磨かれる。

学習者のプロファイリングに効果的

そして、プログラミングは、学習者のプロファイリングにもとても効果がある。プロファイリングというと、最近はちょっとイメージが悪いかもしれないが、いわゆる学生カルテである。

今の先生は(それがどんな学校であれ)おしなべて忙しい。児童、生徒、学生からの要求は多く、事務作業を肩代わりしてくれる要員は減り、書かなければならない書類は倍増した。あるカリキュラム体系の自分の授業を受け持つだけで、他の授業や他の分野とのコラボレーションやコミュニケーションは、なかなか行えなくなっているのが実情だと思う。みんな日々の自分の書類仕事と、授業準備と、最後にちょっとだけ残った時間を研究に使うことで精一杯だ。

そういう状況があるにもかかわらず、学生の情報を集積して、学生の個人像を知り、その学生に何か必要なサポートはないか、より有効な導きはないかと考えることがとても重要になってきた。

個化と多様化、価値観の分散（敢えて古い物置から、ポストモダン社会という言葉を引っ張り出してきてもいい）が進む中で、全員に同じ授業をして終わり、では個々の学生の学習ニーズに応えられなくなってきているのだ。

学生のプロファイリングをする、というのは簡単だが、実現するのは結構難しい。単純に受けた授業と成績だけをデータベース化すれば、その学生のことがわかるというものではないのだ。

でも、その学生が書いたプログラムは、その学生のものの考え方、知的能力、困難に直面したときの対処方法などを、残酷なくらい明瞭に描き出す。

それはそうだ。プログラムとは、問題を解決するために作るもので、その作り方とは、自分の考えをプログラミング言語という言葉で明示する作業なのだから、これらが浮き彫りになるのは当然なのだ。

だから、プログラムを書いて、公表するという作業は本当は怖いことなのだ。

私も、小学生、中学生の頃にプログラムを書いて、雑誌に載せてもらっていたが、人の評価は楽しみであるとともに怖かった。下手な書き方をすれば、自分の能力が低いこと、冴えない考え方をし、たいした解決方法を思いついていないことが、如実に開陳されてしまうからだ。

今、私が小学生だったら、きっとSNSや掲示板で叩かれ、嘲笑されるのが怖くて、プログラム（ソースコード）を公開しようなどという気にはならなかったろう。

でも、少なくとも、学生たちは、人前で自己紹介や自己分析をするよりは、抵抗なくプログラムを公開してくれる。

多分に個人的な経験で恐縮だが、あまり自分の本音を語りたがらない今の学生たち（それはもちろん、自分が情報系のゼミを担当しており、シャイで内向的な学生さんが特に集まってくるからでもあるが。しかし、インスタでリア充自慢をしているキラっキラなメジャーグループの学生たちも、プロデュースされた自分を発信することには熱心でも、本音の開陳には極めて消極的であることが多い）の、素の考え方や人となりに触れる貴重な機会である。

たとえば、その学生の書いたプログラムを読むことで、正直、見くびっていた学生（大変失礼な話だが、あまりしゃべってくれない学生だとそういうことはある）、あるいは能力を少し低く見積もっていた学生が、とても高い思考能力を持っていることを発見することがある。

それは教員として喜びであるし、そういう個人的な気づきが集積されて、より精緻な学生理解が可能になり、また、それに基づいて学校というシステムのより有効な再構築につながっていけばいいと思う。

こうしたプロセスのシステム化は、草の根的にすでに各所で始まっており（「教育の自動化」や「ＣＡＩ」〈Computer-Assisted Instruction〉で検索してみるとよい）、ここで語っていることは決して夢物語ではない。

手軽に失敗を学べる

プログラミングは、失敗できる点も魅力だ。学生や新入社員などは、それこそ失敗することが仕事だと思う。書物やネットからの知識を駆使して失敗を回避できる学生もいて、それはそれで素晴らしい能力だと思うが、たいていの学生は失敗を通じてでないと、なかなか能力やスキルを身につけられないことが多い。それは、大学の授業でも、企業の新人研修を担当していても思う。

しかし、現在の日本社会は極端に失敗を嫌う。高齢者がちょっと子供に挨拶をしただけで通報事案になる世の中である。ゼロリスクを目指せば、最適行動としては当然そうなるが、子供の学びという意味では、大事な学習機会を奪っていると思う。

「この学習は、アクティブラーニングです。失敗するのも大事な学びのうちです。成績にならないから、どんどん失敗してください」と宣言しても、子供たちは猜疑心が強く(まあ、頼もしくはある)、やはり失敗すると減点されるのではないかと疑い、評価の対象にならないような無難な行動しかとらない。もしくはできないふりをして、何もしない。講師が、正解らしき道筋を示して初めて、手を動かすのである。

初等中等教育の段階でそうであるから、大学や新入社員教育、企業の業務現場などは言わずもがなである。

失敗から学べない初学者は不幸である。能力の到達点がどうしても低くなってしまう。

不特定多数の人が入力する可能性のあるデータは、どうしてチェックしてからでないとシステムの中に取り込んではいけないのか、といったことは1回体験して、やらかして、動かなくなった画面のブルースクリーンを見て自分も顔を青くしないと、なかなか実感できない。でも、今の教育の枠内では、なかなかそれを体験する機会はない。だから、世の中は失敗しない範囲で作られた無難な行動と無難なサービスで満ちている。

コンピュータの学習は、古典的には真逆のアプローチをとってきた。かつてやる気のある学生は、コンピュータを与えられたら端から端まで切り刻むように味わい、その機能を試してきた。その様を語源とするのがハッカーである（hack＝切り刻む）。

切り刻む過程において、違法行為的な領域に足を踏み込むこともあって、そこから転じて不正アクセスなどを行う人もハッカーと呼ぶようになった。だから、今でも「ハッカー」を尊敬する文化や国際的なハッカー会議があり、また「犯罪専門のコンピュータに詳しい人」を、ブラックハッカーやクラッカーと呼んで区別することもある。

失敗したり、怒られたり、評価が下がったりすることを嫌う現代の子供たちだが、せっかくプログラミングを習うのであれば、是非たくさん失敗してほしいと思う。

学校の授業時間内で失敗するのが嫌なら、家で失敗してもいい。適度な失敗、適度な挫折とそこから自分をリカバリーさせた体験は、必ず後で役に立つ。自信にもつながる。

コンピュータ上のプログラミングで失敗しても、誰も怒らない。家でこっそりやるなら、先生にも知られない。コンピュータは、100回でも1000回でも、飽きずに失敗に付き合ってくれる。

ああ、もちろん、コンピュータのデータをすべて消したり全世界に公開したりできるような特権IDを子供に与えて、人生を困難にするような大失敗をさせろ、と言っているわけではない。10歳で個人情報漏洩による世界デビューというのは、失敗の体験としては少し規模が大きすぎるし、自分や周囲に与える傷跡も大きすぎる。

失敗の許されないこの社会の中で、思う存分プログラミングで失敗して、その失敗した事態を回復させる経験をしてほしいのだ。その力こそ貴重である。

怒る学生

現代の学生は、授業が理解できないと怒る。もちろん、そんな学生ばかりではないが、割合としては確実に増えた。私の教え方が悪いのもあるだろうが、人生の色々な場面で、様々なシステムが先回りして失敗を回避させてきたので、失敗に慣れていないのである。

彼らは大学に入って、授業が理解できないという失敗に直面すると、その事実が飲み込めずに「教え方が悪いのだ」「教育サービスとして不適切だ」と短絡する。予習や復習の量を増やそうとか、「カリキュラム編成上いやいや取った科目だから、まあいいか」とは考えない。失敗に対する耐性がないし、許容できないのである。

失敗は、してしまうよりはしないほうがいいのだろうが、本来、失敗と学びのスパイラルが許されるはずの思春期～青年期にそういう人生を過ごしてしまうのは、かわいそうに思うのだ。

だから、ある企業のプログラミング教室を任されたときに、標語として敢えて「いっぱい失敗してください」を掲げた。

失敗して、挫折して、悔しくて眠れなくて、で、うまくやっている奴のプログラムを盗み見て、そんな発想があったのかと感激し、同時に自分の無力も思い知り、でもちょっと追いついてみたいなと思う……。今後もプログラミング教室や講義などを通じて、そんな体験を提供していきたい。

COBOLを開発した、アメリカ海軍の天才プログラマー、グレース・ホッパーも言っていたではないか。「いい考えは実行すべき。許可をもらうよりも、謝るほうが簡単なのだから」と。

今はどちらかと言えば、学生を管理する立場になってしまったので、公的な場所では違う発言を余儀なくされることも多いが、私はこの言葉が大好きである。

デジタルディスラプションを起こすために

よくデジタルディスラプションといって、既存のしくみやシステムを破壊し、情報技術によって焦土からまったく新しいしくみを構築することが賞賛されている。

もちろん、日本の産業界も、これに追従し、自らもデジタルディスラプションを起こすことを宣言したり掲げたりしているが、無難とディスラプションは対局に位置する概念である。

「既存のしくみを壊す、ビジネスの設計者が求められる」とかけ声だけかけても、子供の頃から既存のしくみにどっぷり浸かり、その中で怒られない、自分の経歴に傷がつかない行動に最適化するよう求められてきた子供たちに、それを要求するのは酷である。

デジタルディスラプションは若い世代の仕事だよ、と放言する経営者は本当に多いが、そのためには若い世代が自由に動けるよう、やはり中年も高齢者も既存のしくみの破壊に加担しなければならないのだ。

残念ながら、無難を至上の価値とする学校教育や新入社員教育の体系の中では、デジタルディスラプションを起こせるような、思考力、創造力、表現力は出てこないだろう。もちろん、プログラミング教育がそのすべてを解決する万能の処方箋だ、などと言い出すつもりはない。

でも、構造的にプログラミング教育とは、少なくともプログラミング的思考の教育とは、論理的思考やコミュニケーション能力や他者理解を積み重ねなければ成立しないものである。だから、プログラミング教育をきっかけに、社会にこうした教育のあり方が存在することが少しずつ浸透し、芽吹いていくといいと思う。

解決したい何か

また、2020年のプログラミング教育必修化においては、特別な「プログラミング」の時間を置かず、各教科の中で活用することが示されている。これも正しい方向性だと思う(前述したように、上手にやるのは相当難しく、手間もかかるが)。

プログラムを作る、とは何かを解決する手段を書き連ね、完成させる行為である。だから、まず最初に解決したい何かがあって、それに対してプログラムを書くのがふつうだ。

まあ、学生が特に好きなのはゲームプログラミングだが、あれも「自分でゲームを作ってみたい」という解決すべき強烈な課題があるわけである。

だから、単独でプログラミングの授業を行うと、かなり無味乾燥になる。私もやれと言われれば担当するが、たとえば、画面にHello, worldと表示しても、あんまり楽しくない。複利計算など、まず私が楽しくない。聞いている学生はさぞ退屈なことだろう。

だから、算数で解決すべき課題をプログラムの力で解く、国語で解決すべき課題をプログラムの力で正答へ導くというのは、プログラムを書く動機付けとしてとても真っ当である。

でも、私自身もやってみて感じたが、これをうまくやるのは相当に難しい。

インフルエンザウイルスがどうして爆発的に感染することがあるのか、プログラミングで試してみようぜ！　などと、面白そうなことをやっている教室や講座は本当にわずかで、多くのプログラミング教室や学校、特に公教育ではそんなことができる人員も機材もない、というのが現実である。

潤沢な資金・機材を持ち、成功事例を着々と積み上げている一部の成功者と、まだカリキュラムの構想もままならない多くの学校、というように、両者に格差があり、それが徐々に拡大している。

ことわざに出てくるシーンを、子供にも使えるビジュアルプログラミングツールを使って、アニメとして再現しようとか、クリッカー（クイズやアンケートをリアルタイムで行える装置、出席確認に使ったりもする。今は特別な機器を導入しなくても、学生が持つスマホにアプリとしてインストールできる）を導入して、みんなの意見をＹｅｓ／Ｎｏで即時表示・集計してみようとかいう活用の仕方は、全然とは言わないが、あまりプログラミング的思考を教えることにはつながっていない。授業のエンタメ化にはなるのだが、思考力を引き出すように授業に組み込むには、相当な覚悟がいる。

これがそのまま推移すると、高校に「情報」の授業が導入されたときのように、「受験科目じゃないから、こっそり他の教科に振り替えちゃおう」とか、「取りあえずネットサーフィンしてお茶を濁そう」といった処理がなされ、授業が形骸化してしまうだろう。

文科省もこの点は危惧しているのだろう。それを補うように、まるで贖罪であるかのように、これまでに公開してきた各種の文書で民間企業の活用を謳っており、資金や資源、人材に乏しい小学校などでは、これらの機関に任せる（悪く言えば丸投げ）ことにしようと考えているケースも多い。

現時点では、優秀な民間プログラミング教育サービスは、かなり高価である。今後、需要の拡大に沿う形で、廉価なサービスが登場してくるだろうが、安かろう悪かろうになりかねないこと、また、たとえ「安かろう悪かろう」を選択することに決めたとしても、新たな教育項目が加わるという意味で追加コストがかかるのは必定なので、親の所得格差や学校の資金力の格差が情報格差に直結する可能性があることを考慮して、この部分の制度設計は今後（まだ確定していないのだ）精緻に検証しなければならないだろう。

認識科学と設計科学

もう10年以上前の話だが、日本学術会議が公表した「新しい学術の在り方」という文書がある。詳細は原文を読んでいただきたいが（http://www.scj.go.jp/ja/info/kohyo/pdf/kohyo-19-t1032-11.pdf）、ものすごくざっくりと表現すれば、認識科学と設計科学を科学の両輪へ、ということが書かれている。

以下でかみ砕いていこう。

認識科学とは、あるものの探求のことであり、設計科学とはあるべきものの探求のことである。認識科学は、自然科学でも、人文・社会科学でも、客観的な立場から研究対象を理解しようとする。たとえば、観察者は観察対象に影響を与えないように、最大限の措置を講じるよう叩き込まれる。観察したことによって、観察対象に変化が生じたら、客観性を担保できないからだ。

一方で、設計科学は、目的を達成するためには、あるいはある事象の価値を高めるためには、対象に関わっていくことを是とする。最終的な目的のためには対象を変えてしまうことも、当然視野に入っているからである。今あるものを、あるべきものへと更新していくのだから。社会工学などは、設計科学の範疇に分類される。

もちろん、これまでの認識科学があるべきものの探求を放り出していたわけではない。法学も経済学も、あるべきものの探求に関わっている。しかし、全体的な傾向として、学術が実際的な目的や価値から自らを遊離して、「あるものの探求」に耽溺しがちであることは事実である。いわゆる学問の蛸壺化もこの文脈で生じる。

しかし、人間の生活空間が自然を中心に構成されていた時代はいざいらず、人間と人工物が地球を覆い尽くし、資源を逼迫《ひっぱく》させる状況に陥った現在、研究のための研究（science for science）だけを指向する余裕はなくなりつつある。

もちろん、研究のための研究は、学問の発展のために重要ではあるのだが、それだけでなく、社会のための研究（science for society）が強く求められるようになっている。その社会のための研究も、単純に利益を最大化するといったことでは済まされなくなりつつある。

特定のエクセレントカンパニーに大量の個人データを集中させれば、結果として世界の富の最大化が達成できるかもしれない。あるいは、ロボット兵器を実現して戦線に投入すれば、自国の兵は死なないし、攻撃する他国のことを考慮しても、ロボット兵器なら、認識ミスによる民間人の誤射や、憎しみや復讐心に起因した戦略上・戦術上、意味のない虐殺などをしないから、よい施策ではないか——。

こういった議論があるが、果たしてそれを実行してよいのか。それは正しいのか。

ロボット兵器の例で言えば、工学の研究だけでも、法学の研究だけでも、おそらく倫理学の研究だけでも正解を導けない、判断ミスを誘発しそうな、現実に生起している問題に対して、適切な、人にとって本当に利益のある結論を導いていかなければならない。

あるものの探求で真理に至っていても、現実には介入できないかもしれない。実際、どんな高邁な教えも、広島、長崎に核の炎が上がることを止められなかった。同様に、あるべきものの探求で強大な力を手中にしても、正しい使い方がわからないかもしれない。ゲノム解析が終了しても、私たちはその有効な使い方を巡って争っている。

こうした問題を解決するためには、認識科学と設計科学は融合しなければならない。日本が決して短くない期間、学際系の学部を作り続けてきた理由の一つはここにある。

それぞれの学部、それぞれの学科が創設以降、種々の成果を発信し続けてきた。そして、今後も日本には新しい学際系の学部が作られていくことだろう。

哲学を含む教養の重要性

もう1文、日本学術会議から引用しよう。

「終りなき努力」が人間の習性である以上、科学と技術の発達を止めることはできないが、その方向を変えることは可能だ。特許をとるための実用的研究も必要だろうが、少なくとも大学の研究にまでそれを求めるような経済優先の風潮は改めて、かつてのように科学者が哲学者に戻り、私たちの心を豊かにするための知的興味の探求と、積み残された現代社会の問題を解決するための研究、そして心の豊かさを得られる社会の構築のための科学技術に方向を転換すべき時が来ているのではないだろうか。

この指摘は科学者にとって切実な問題である。

これは科学者を対象とした問題提起であるし、ずいぶん大上段な物言いでもあるが、哲学者に立ち帰れと言っている。

哲学と言えば、近年では大学の教養課程からも姿を消しつつある、あまり実務の役には立たなそうな、受講者も少なそうな、教科書が高そうな授業ではなかったか。

情報技術の進展とその活用の手軽さが促進された結果、私たちが「やれること」はずいぶん増えた。問題は「やれること」が必ずしも、「やっていいこと」と同義ではない（むしろ違う）ことである。

「やれること」が拡大した結果、「やっていいこと」との境界線がだいぶ乖離した。今後も「やれること」はどんどん増えていくことが予想される。この状況で、「やっていいこと」も拡大していくのか、もしくは縮小していくのか、現状維持なのかは、いつか誰かが、もしくはみんなが決めなければならない問題である。

その「やっていいこと」の定め方と抑止力も、法律で縛るのか、ガイドラインで自粛させせるのか、村八分的な因習を持ち出すのか、方法は無数にある。私たちはどれかを選ばなければならない。

それを選ぶときの判断基準、さらにどんどん立ち現れる事象や新しい「やれること」に対して、まだ法律やガイドラインの制定が追いつかない空白期間を乗り切るために、指針としての哲学はとても重要だと思う。

哲学とは、当たり前だと思って歯牙《しが》にもかけなかったことに目を向ける学問だ。自分の存在すら疑う学問なんて、他にはなかなかない。

社会のブラックボックス化がよくないことは、ここまで議論してきた。既存の体制にどっぷり浸かって疑わない人や組織に、明るい未来がなさそうなことも議論してきた。哲学は、わかっていないことをわかった気になってしまう悪癖を打破するための、固定観念から自由になるための、よいツールとして再評価されるだろう。

また、哲学をやるなら、対話を抜きには語れない。様々な背景を持つ、色々な考え方の、思考の枠組みすら異なる人々と対話をし、対立をし、超克《ちょうこく》し、協調していかなければならないこれからの世界で、その基盤となる力を形成する、これもまたよいツールになるだろう。

だから、今後の教育を設計していくに際して、それがたとえ小学校のプログラミング教育の時間でも、新学部の教養課程でも、哲学を修める重要性が再検討されるべきだと考える。

文科省の手引きでも、小学校のプログラミング教育のねらいとして、「コンピュータの働きを、よりよい人生や社会づくりに生かそうとする態度」を育むことを掲げているが、これは換言すれば哲学である。

法律やガイドラインでは隙間ができるし、人の行動のすべてを縛れるものではない。ある種の魔法のような情報システムを使えば、何でもできる世の中だからこそ、何をするべきか、何を考えるべきかさえ考えさせる哲学の重要性は増している。

テクニックという意味での技術は、その習得に時間がかかる。しかし、この時間が大きな意味を持っていた。たとえば剣術の修練には時間がかかるが、この時間の中である種の哲学が醸成され、殺生の技術を身につけても、無益な殺生はしない規範が自分の中に確立されたわけである。

しかし、テクノロジーの技術は、ほぼ無時間で習得することもできる。極端な話、1歳児でも、核ミサイルのボタンは押せる。そこには、何の躊躇もないだろう。

YouTuberとして著名になれば、放送局と同等以上の情報発信力と影響力を一夜にして獲得することも可能だが、彼らが放送局ほどに法律やガイドラインに縛られているわけではない。プライバシーなどに対して、放送局ほどに自覚的ではないかもしれない。

そうした、「何でもできる」という状況を無法なものや窮屈なものとせず、十全に活用して楽しむための能力は哲学だと思うのだ。哲学の講座は大学でも減らされ続けているが、実は今後の社会を考える上で、とても重要な科目だと思っている。

ルール（プロトコル）を作る人間になる

また、これはプログラミング教育の先にある話だが、日本人はもっと国際社会に出て行って、国際的な規約、ルールを作る人になるべきだと思う。日本人、と十把一絡げにまとめるのは嫌いだが、やはり全体の傾向としてとてもシャイなのは否めないだろう。

情報システムや情報ネットワークの世界では、ルール（プロトコル）がとても大事である。メール一つ取っても、送り出す側のルールと、もらう側のルールが合致していないと、ちゃんとメールが届かない。

だから、最初はメーカーごと、団体ごとに作っていたルールが、だんだん国際標準化、国際規約化されていく傾向が続いている。日本はこういう国際規約を定めるときに、ほとんど影響力を行使できない。語学運用能力の問題も、シャイさの問題もあるだろう。ルールを決めるなどという面倒くさい行為に、関わりたくないといった意識もあったと思う。

ルール制定は高度なコミュニケーション能力と政治力を駆使する場である。疲れる。面倒だ。そこは、そういうのが好きな誰かに決めてもらって、決まったルールのもとで最大限頑張ろう、という行動原則が透けて見える。それが得意でもあったのだろう。

しかし、インターネットが世界を満遍なくつなぎ、否応なく競争相手は「世界」になり、しかも物理的な制約が少ないインターネットでのビジネスは「満員」の概念がないに等しいので、勝者一人勝ちになる。今や「2番手」とは、敗者の中で一番ましな人、の意味だ。

勝者はたいていルールを決める側の人になるので、勝者一人勝ちはより強固な構造を持つに至る。総務省や経産省がどれだけ発破をかけても、今、日本のベンチャーが同領域でグーグルに勝つのは不可能だろう。彼らがルールを決めているのだから。

ルールは決める側が圧倒的に有利である。

私は昔、F1が好きだった。1988年のホンダにはしびれた。よいドライバーを揃えた(アイルトン・セナとアラン・プロスト)こともあるが、16戦して15勝と圧倒的な勝利を収めた。落とした1勝も、ファイナルラップ直前まで、アイルトン・セナが首位を走行していた。

ところが、ＦＩＡはあっさりルールを変更して、ターボエンジンを禁止してしまった。当時のホンダの強さの源泉は、優秀なターボエンジンにあると考えられていたので、これはつまりホンダ殺しである。

スポーツの分野などで、同じような光景を目にした方は多いだろう。スキーのジャンプ競技で日本が強いとなれば、ルールが変更され、小柄な日本人に不利なルールが適用される、といったパターンである。

どんなに技術を研鑽しても、ルールの決定権、支配権を握っている人には一歩後れを取る。だから、国際規約を作る側に回る人を育成したいのである。別に日本の国益だけを考えろと言っているわけではない。自分の利益だけを考える人たちに、主導権を奪われ続けないために、この活動が重要なのである。

プログラミング教育によって培われた論理的思考能力、問題解決能力、創造力、そして哲学を基盤とするぶれないコミュニケーションや交渉力で、国際規約などにもコミットし、よりよい社会をデザインしていける人を育てていこう。

末筆になるが、光文社の三宅貴久氏に感謝申し上げる。拙い原稿を、書籍としてちゃんと流通できる形に整えていただいた。氏の仕事と協力なしには、この本は完成しなかった。厳しい出版事情の中で、氏とまた仕事ができた幸運に深謝する。

そして、最後までお付き合いいただいた読者諸兄姉に深甚な感謝を申し上げ、筆を擱きたい。

2019年1月

岡嶋裕史

岡嶋裕史（おかじまゆうし）
1972年東京都生まれ。中央大学大学院総合政策研究科博士後期課程修了。博士（総合政策）。富士総合研究所勤務、関東学院大学経済学部准教授・情報科学センター所長を経て、現在、中央大学総合政策学部准教授・国際情報学部開設準備室副室長。『ジオン軍の失敗』（アフタヌーン新書）、『ポスト・モバイル』（新潮新書）、『ハッカーの手口』（PHP新書）、『数式を使わないデータマイニング入門』『アップル、グーグル、マイクロソフト』『個人情報ダダ漏れです！』（以上、光文社新書）など著書多数。

プログラミング教育《きょういく》はいらない
GAFA《ガーファ》で求《もと》められる力《ちから》とは？

2019年2月25日初版1刷発行

著　者 ── 岡嶋裕史
発行者 ── 田邉浩司
装　幀 ── アラン・チャン
印刷所 ── 堀内印刷
製本所 ── 榎本製本
発行所 ── 株式会社光文社
東京都文京区音羽1-16-6（〒112-8011）
https://www.kobunsha.com/
電　話 ── 編集部03(5395)8289　書籍販売部03(5395)8116
業務部03(5395)8125
メール ── sinsyo@kobunsha.com

 ISBN 978-4-334-04397-1

988
その落語家、住所不定。
タンスはアマゾン、家のない生き方
立川こしら

立川志らく師匠推薦！　身一つで世界中の落語会を飛び回る、家さえ持たない究極のミニマリストである著者が、自らの生き方哲学と実践を初めて明かす。

978-4-334-04394-0

989
宇宙はなぜブラックホールを造ったのか
谷口義明

ほぼすべての銀河の中心には、超大質量ブラックホールがある。それは、いつ生まれ、どのように育ち、どのような運命を辿るのか――。現代天文学が描く、宇宙の過去・現在・未来。

978-4-334-04395-7

990
日本一の給食メシ
栄養満点3ステップ簡単レシピ100
松丸奨

今日から自炊が楽になる！　楽しくなる！　作りやすさを重視した3ステップの工程で、徹底的に時短を追求。給食日本一の小学校栄養士が考えた、今日から使える100のレシピ。

978-4-334-04396-4

991
プログラミング教育はいらない
GAFAで求められる力とは？
岡嶋裕史

ジョブズ、ザッカーバーグ、ペイジ、ベゾスを教育で生み出せるのか？　2020年、プログラミング教育必修化に向けて問う。キモは、プログラミングではなく「プログラミング的思考」。

978-4-334-04397-1

992
子どもが増えた！
明石市　人口増・税収増の自治体経営《まちづくり》
湯浅誠　泉房穂
藻谷浩介　村木厚子
藤山浩　清原慶子
北川正恭　さかなクン

普通の地方都市で人口、税収ともに増え続けているのは、「誰も排除しない」支援策が要因だ。どこでもできる「やさしい社会」のつくり方を、現市長、社会活動家が論客とともに示す。

978-4-334-04398-8